卓越幼儿教师专业成长的探索与实践研究

余　鸿　张晓艳　著

吉林出版集团股份有限公司 | 全国百佳图书出版单位

图书在版编目（CIP）数据

卓越幼儿教师专业成长的探索与实践研究 / 余鸿,
张晓艳著. -- 长春：吉林出版集团股份有限公司,
2022.11

ISBN 978-7-5731-2784-6

Ⅰ.①卓… Ⅱ.①余… ②张… Ⅲ.①幼教人员—师
资培养—研究 Ⅳ.①G615

中国版本图书馆CIP数据核字(2022)第219657号

卓越幼儿教师专业成长的探索与实践研究

ZHUOYUE YOUER JIAOSHI ZHUANYE CHENGZHANG DE TANSUO YU SHIJIAN YANJIU

著　　者　余　鸿　张晓艳
出 版 人　吴　强
责任编辑　蔡宏浩
助理编辑　崔雅轩
开　　本　787 mm × 1092 mm　1/16
印　　张　6.75
字　　数　124千字
版　　次　2022年11月第1版
印　　次　2022年11月第1次印刷
出　　版　吉林出版集团股份有限公司
发　　行　吉林音像出版社有限责任公司
　　　　　（吉林省长春市南关区福祉大路5788号）
电　　话　0431-81629667
印　　刷　三河市嵩川印刷有限公司

ISBN 978-7-5731-2784-6　　定　　价　55.00元

如发现印装质量问题，影响阅读，请与出版社联系调换。

PREFACE

前　言

目前，推进卓越教师的培养是我国教师教育改革发展最核心最紧迫的任务。卓越幼儿教师作为当前幼儿教师培养的主要方向，幼儿教师队伍建设质量保障的中流砥柱，在整个幼儿教育事业的长足发展中扮演重要角色。

本书主要研究的是卓越幼儿教师专业成长的探索与实践，首先以幼儿教师的专业特性为切入点，介绍了幼儿教师专业发展的内涵、幼儿教师专业发展的阶段理论、幼儿教师专业发展的制约因素，以及卓越教师职前培养模式的建构原则、卓越教师职前培养的价值取向、卓越教师职前培养课程改革必要性、卓越教师职前培养课程改革目标与任务、卓越教师职前培养课程改革思考及建议等内容；其次，重点探索了幼儿教师专业成长动力的幼儿园因素、幼儿教师专业成长动力的个体内部因素、提升幼儿教师专业成长动力的建议，以及卓越幼儿教师教学能力的践行与提升、卓越幼儿教师管理能力的践行与提升、卓越幼儿教师研究能力的践行与提升、卓越幼儿教师终身学习能力的践行与提升等；再次，剖析了幼儿教师实践反思能力的构成要素、幼儿教师实践反思能力的影响因素、幼儿教师实践反思能力提升的路径，并解读了幼儿教师专业成长生态环境的理论与概念、幼儿教师专业成长环境存在的问题及生态学分析、幼儿教师专业成长生态环境的优化原则与策略；最后，阐述了卓越幼儿教师专业素养体系的尝试性构建、卓越幼儿教师专业素养的核心特征与提升建议、卓越幼儿教师核心素养的特征及发展策略等。

培养卓越的幼儿园教师有利于提升幼儿园教师的整体专业素养，提高幼儿园教师的学历水平，改善幼儿园教师队伍的结构，推动职前幼儿园教师培养模式的变革。高校需要与幼儿园、政府共同构建一个"三位一体"的协同培养机制，从全方位的角度确保卓越幼儿园教师的整体培养质量和水平。

本书在编写过程中得到了许多前辈和同仁的支持与帮助，并借鉴了许多学术界前辈的研究成果，在此由衷地表示感谢！当然，由于编者水平有限，书中难免有疏漏，我们会之后也会不断地进行修订与完善，还请各位读者朋友海涵！

编　者

CONTENTS

目 录

第一章　幼儿教师专业成长理论基础

第一节　幼儿教师的专业特性

一、幼儿教师师德

(一) 道德与道德规范

1. 道德概念

(1) 道德概念

马克思主义认为，道德本质上是一种社会意识形态，属于社会的上层建筑，由社会存在决定的。道德就是在一定的经济基础上产生的一种社会意识形态和上层建筑，依靠内心信念和社会舆论、风俗习惯等方式来调整人与人、人与社会以及人与自然之间相互关系的行为规范总和。在我国，"道"是一切行为应遵守的最基本的行为准则，"德"是对生活中"善"的现象的总称，因此，"道德"就成了人们生活中善行的概括。

在我国文化典籍中，"道德"含义广泛。从词源上说，"道"与"德"分开使用。"道"一字，最早见于《诗经》："周道如砥，其直如矢。"这里的"道"，即道路之意。"德"字的历史起源已难考定，但据考古发现，西周大盂鼎铭文内已铸有"德"字。《周书》《诗经》《尚书》已经使用"德"字，多指德行、品德之义。据《释名·释言语》解释："德，得也，得事宜也。"又据《说文解字》解释："德，外得于人，内得于己也。"指处理好人与社会的关系，对人对己都有好处。春秋时期的思想家老子所著《道德经》一书，分为《道经》和《德经》。老子曰："道生之，德畜之，物形之，势成之。是以万物莫不尊道而贵德。道之尊，德之贵，夫莫之命而常自然。"其中，"道"意指天地的本原、规律；"德"则通"得"，指基于道而有的天地万物的本性，化育有得，也指德行、品德。但是，在当时"道"和"德"是两个概念，并无道德一词。最早把"道德"二字连用的是战国末期的荀子《劝学篇》中："故学至乎礼而止矣，夫是之谓道德之极。"意思是一切都按礼而行，就达到了道德的最高境界。荀子之后，道德的概念在广泛流传中，其内涵不断得到丰富和扩充。

一般来说，我们认为道德是指一定社会调整人们之间以及个人和社会之间关系的行为规范的总和，它是指衡量行为是否正当的观念标准。不同的对错标准是在特定生产能力、生产关系和生活形态下自然形成的。道德包括伦理思想和在伦理思想指导下人的道德践履以及道德意识、道德情感、道德意志、道德品质等。道德能比较直接地反映人类在社会生活中的相互关系，并使这些关系更全面、更细致地体现在人们的行为中。而人类的社会生活大体上可以划分为社会公共生活、职业劳动生活和婚姻家庭生活三个领域，因此，道德也就相应表现为社会公德、职业道德和家庭美德三个方面。从另一角度来说，由于一个社会一般有社会公认的道德规范，所以我们也可以将只涉及个人、个人之间、家庭等的私人关系的道德称为私德，涉及社会公共部分的道德称为社会公德。

道德是一种由人们在实际生活中根据人们的需求而逐步形成的一种具有普遍约束力的行为规范，它具有良好的群众基础，往往流传较为广泛，形成共识。但我们必须把道德与法律相分别：尽管二者都是行为规范，但法律具有国家强制力性质，而道德是一种心灵的契约；道德靠人们自觉遵守，靠舆论来实现道德的力量，约束力比法律弱很多；二者的形成不同，道德是人们约定俗成，法律则是由国家制定的；二者所代表的利益也不一样，法律一般是当权者管理的有力工具，而道德是群众在生活中的利益体现，有一定差距。

（2）道德内涵

第一，道德的核心内容是人与人之间、人与社会之间的关系。道德关注的核心是如何正确处理人与人之间、人与社会之间的关系。道德以规范、规则的形式表达社会的外在客观要求，内化为个人信仰、观念、品行，对个人的思想行为加以规范和约束，以维持社会运转和个人生存，促进个人和社会共生互利。

第二，道德的调节手段是社会舆论、传统习惯和内心信念。与法律手段相比，道德是一种弹性调节手段，具有不确定性和灵活性。当社会舆论、传统习惯与内心信念相抵触时，内心信念往往会起决定性作用。

第三，道德的评价标准是善与恶。凡是有利于社会发展进步的，我们视之为

"善"；凡是阻碍社会发展进步的，我们视之为"恶"。善恶标准具有相对性和历史性，在阶级社会里还具有阶级性。

第四，道德既是一种社会规范，也是一种个体观念、品质、修养和境界。作为调节个人与社会关系的社会规范的总和，道德是复杂的、具体的、多元的，但是每个社会阶段都会形成那个时代的核心价值规范体系。道德在个体身上则往往表现为道德观念、道德品质、道德修养和道德行为。

2. 道德规范

道德规范是对人们的道德行为和道德关系的普遍规律的反映和概括，是社会规范的一种形式，是从一定社会或阶级利益出发，用以调整人与人之间的利益关系的行为准则，也是判断、评价人们行为善恶的标准。在人们社会生活的实践中逐步形成的，是社会发展的客观要求和人们的主观认识相统一的产物。

道德规范是道德意识现象的内容之一，是人们的道德行为和道德关系普遍规律的反映，是一定社会或阶级对人们行为的基本要求的概括，是人们的社会关系在道德生活中的体现。它源于人们的道德生活和社会实践，又高于人们的道德生活和社会实践，是社会为了调整人们之间以及个人与社会之间的关系，要求人们所遵循的行为准则。历史上不同时代、不同阶级的道德规范，都是从相应的时代要求和阶级利益出发，经过概括而形成的，并用以指导人们的道德生活和道德行为。

道德规范是指判断善与恶、正当与不正当、正义与非正义、荣与辱、诚实与虚伪、权利与义务等道德准则。人们能够按照道德规范的要求行为，就是善行；违反道德规范的行为，就是恶行。

道德规范是由一定的社会物质条件和社会关系所决定的，同时又是一定社会或一定阶级的人们自觉行为的产物。道德规范随着社会的发展而不断发展，具有历史性和继承性。在阶级社会和有阶级存在的社会，道德规范的形成、发展及其在实践中的贯彻，同现实社会的阶级关系和阶级斗争有密切的关系。

不同社会、不同阶级有不同的道德规范。马克思认为，人们的行为，凡是有利于社会进步和社会发展的，就是合乎道德的，反之就是不道德的。肯定道德规范的历史性和阶级性，并不否认道德本身的继承性。任何先进阶级的道德规范总是要继承和发展先前社会中的有积极和进步作用的道德规范。

3. 道德与道德规范的特性分析

（1）道德的抽象性与道德规范的具体性

道德的本质是抽象的，在对其本质的把握上依然要依靠其他概念的补充。但其他概念的补充并不能完全表征道德的本质，只能说明道德的内容。道德的本质是每个个体在与人交往中言行举止所表现的思想品质。但个体何种言行举止是道德的，则需要道德内容的说明与规定。因此，必须从本质和内容两个方面来回答"道德是什么"。而目前普遍将道德解释为"…的规范和准则的总和"，尽管是对道德抽象性的具体说明，但毕竟缺失了有关道德本质的表征。可以看出，道德是需要"…的规范和准则"的具体内容来丰富的，而道德规范是说明和丰富道德内容的最为重要的元素之一。

（2）道德的目的性与道德规范的工具性

人性的本质在于对生命意义的精神性企求，所以，道德的本质或本质功能也只是对人的生活意义的求索和生存质量的提升。道德是人之所以为人的本质性和目的性需求。人所不断求索和提升的道德在不同文化背景下有不同的内容，道德是指标、方向和目的，而达成某种目标需要某些可实际操作的手段和工具，与道德相联系的规范就是迈向理想道德的手段和工具，是可操作的手段与工具。有关道德的规范就是要帮助道德主体具备道德品质，体验一种道德生活的工具和手段。

（3）道德的层次性与道德规范的层次性

"至善""至美"的理想道德是每个人都向往却又永远无法达到的，但并不能因此就武断地认为每个人都是不道德的。这主要的原因就在于道德具有层次性：是否具备最高层次的道德并不是判断一个人是否道德的必要条件，而底线道德的缺失才是判断一个人不道德的必要条件。事实上，理想道德与底线道德是道德发展中的两极，一般来说，具有理想道德的人寥寥无几，底线道德的触犯者与其拥有者相比同样也是屈指可数。理想道德的主要表现是许多完美的道德理念，其主要通过宣传、教育和引导等形式发挥作用。底线道德的主要表现是各种法律规定、条文，其作用通过禁止、惩罚等约束力量实现。与理想道德和底线道德相比，我们多数人的道德实践都需要一般的道德品质来参与，也就是说一般道德是我们道德实践的主要内容。因此，道德的层次性决定了作为其手段的规范也具有不同的层次：道德理想、道德原则和道德规则。道德理想主要发挥激励作用，道德原则发挥引导作用，而道德规则主要发挥约束作用。

（4）道德的自律性与道德规范的他律性

道德是人的最高目的，人之所以具有人格、尊严，都在于人有道德。与此同时，道德的实现不仅基于人有天生向善的可能，更依靠人的自觉、自律以及自省。所以，道德无论从其本质或实现途径来说，都具有明显的自律性。因而，离开了道德主体的自律，一切旨在追求一种道德生活的努力都是徒劳。人的道德发展一般要经历无律、他律和自律三个阶段性。只有当人在理性的帮助下接受道德规范，发展到具有"义务心""责任感"和"善良意志"之后才能成为一个有道德的人。因此，旨在追求一种道德生活的规范，主要发挥他律作用。道德代替不了道德规范的他律作用，而道德规范同样也无法复制道德的自律意志。

（二）职业道德

1. 职业道德概念

职业道德是指人们一定的职业活动中所形成和应当遵循的道德准则和道德规范，以及应当具备的道德观念、道德情感和道德品质。

职业道德是社会道德的重要组成部分，是调整职业内部、职业之间、职业与社会之间的各种关系的行为准则。职业道德不仅指一种行为要求，而且还包括本行业对社会所承担的道德责任和道德义务，维护的是社会秩序或职业秩序。通过从业人员的职业观念、职业态度、职业技能、职业纪律和职业作风以及它们的社会效果表现出来。不同的职业人员在特定的职业活动中形成了特殊的职业关系，为了协调工作，需要一种适应职业特点的同时能调节职业关系的手段。不同的职业有不同的职业道德，人们现在生活在一个普遍职业化分工的时代，职业群体从各方面主导着现实生活，职业道德也成为全社会的主导道德。职业道德的优劣直接关系到人们的切身利益，关系到整个社会道德风尚的好坏和道德水平的高低。

职业道德不是从来就有的，它与人们的职业实践活动密切相关。随着社会生产的发展和社会分工的出现，人们在社会生活中从事不同的职业。而从事某种特定职业的人们有着共同的劳动方式，由于经受共同的职业训练，往往具有共同的职业兴趣、爱好、习惯和心理传统，结成某些特殊关系，形成特殊的职业责任和职业纪律，从而产生特殊的行为规范和道德要求，这就是职业道德。

2. 职业道德的特性分析

（1）特定性和有限性

职业道德作为一定职业范围内的道德，它同特定的职业实践相联系，它的各种规范和习俗是由本职业的具体权利、义务和职业内容决定的，不具有全社会的普遍适用性。根据职业的特点，职业道德只能对从事特定职业的人员起调节作用，而对于从事其他职业的人员就不一定适用。这就是说，职业道德的调节作用，主要是针对从事同一职业人员的内部关系及本行业从业人员同其服务对象之间的关系，而对于不属于本职业的人员或本职业的人员在该职业之外的行为活动，往往起不到调节和约束作用。

（2）灵活性和多样性

职业道德与具体的职业相联系，职业道德是依据本职业的业务内容、活动条件、交往范围以及从业人员的承受能力而制定的行为规范和道德准则，而职业具有多样性，每种职业都有着具体、明确、细致的道德要求。这些要求既有较正式的制度、章程、守则和公约等，也有一些不成文的行规、风俗和习惯，甚至还有一些非正式的标语、口号、誓词等。也就是说，每种职业道德又必须具有具体、灵活、多样、明确的特点，以便从业人员理解、记忆、接受、掌握和执行，并在严格规范职业行为的同时养成良好的职业习惯。

（3）实践性和规范性

职业活动都是具体的实践活动，一个从业者的职业道德认知、情感、意志、信念、觉悟、良心、行为规范等，都必须通过职业的实践活动，在自己的行为中表现出来，并且接受行业职业道德的评价和自我评价。因此，根据职业实践经验概括出来的职业道德规范，具有较强的针对性和实践性。而职业道德作为一种行为规范，为从业人员的职业行为提供着"应该怎样去做，不应该怎样去做"的标准，对从业人员的职业行为具有重要的引导作用。能使人们在职业活动中自觉规范自己的言行，也是从业人员在职业活动中对各种关系和矛盾加以调节和引导的重要依据，还是人们评价一个从业人员职业行为的标准，能促使从业人员职业道德修养及道德水平的不断提高。

（4）稳定性和继承性

职业道德具有较强的相对稳定性和历史继承性的特点。职业道德的内容往往表现为某一职业所特有的道德传统和道德准则。一般来说，职业道德它所反映的是本职业的特殊利益和要求，而这些要求是在长期反复的特定的职业实践和职业生活方式中形成。在历经朝代的更替、社会的发展变化过程中，各行各业职业道德的内容都会作为传统，在本职业中世代相传，从而使职业道德的内容不断丰富、发展、优化和深化，但它的总方向和一些基本内容却较少发生变化，在这个基础上长期积累逐渐形成的相对稳定的职业心理、道德传统、道德观念以及道德规范、道德品质，则成为职业道德相对的稳定性和继承性。

（三）教师师德

教师是履行教育教学职责的专业人员，他们承担着教书育人，培养社会主义事业合格建设者和可靠接班人，提高民族素质的使命。教师这一身份决定了他们在教育活动中，既要传播人类文化知识和技能，又要注重学生的思想道德、体质、审美情趣等方面的发展，这必将对教师的师德提出较高的要求。

1. 教师师德的含义

教师师德，是指教师在从事教育教学活动过程中形成的，用以调节教师与他人、教师与集体、教师与社会等相互关系时所必须遵守的基本道德规范和行为准则，以及在此基础上所表现出来的道德观念、情操和品质。

教师师德包括意识和行为两大部分。教师师德意识引导着教师的道德行为，它是道德行为内在的规范，教师师德行为则反映出教师道德意识的程度。为了更好地适应当今教育的需要，只有将道德意识与行为统一起来，才能达到较高的道德意识水平。因此，教师师德是教师对自己所从事职业的道德规范的认识和实践所达到的自觉程度，也是教师在这一特殊职业工作中形成和发展起来的品德。可以理解为，现代意义上的师德涵盖个人道德品质和作为专业人员的道德两方面的内容，并且这两方面内容相互融合、相互渗透。师德包括教师个人的道德品质、思想情感、信仰、信念、对待职业的态度等这些精神方面的要素。

教师师德从道义上规定了教师在教育教学活动中以什么样的思想、感情、态度和作风去待人接物、处理问题、做好工作，为社会尽职尽责。它是教师行业的特殊道德要求，是调整教师与教师、教师与学生、教师与学校领导、教师与学生家长以及教师与社会其他方面关系的行为准则，是一般社会道德在教师职业中的特殊体现。一位教师能否成为让人民满意的教师，能否成为让学生尊敬和信赖的人，能否将自己毕生的精力献给培养人才的教育事业，都与他的职业道德水平有着密切的关系。

2. 教师师德的特征分析

（1）鲜明的继承性

教师师德是从教师的职业劳动和教育的实践活动中概括出来的，是教师在长期的教书育人中不断总结提炼出来的，是世世代代的教师处理与学生、同行、上级、学生家长等关系的经验和结晶。在不同的时代、不同的社会形态中都是存在的并且能够沿用的。

（2）强烈的责任感

教师的根本任务是教书育人，为学生的全面发展打下良好的基础，为社会的繁荣进步培养合格的人才。教师师德具有强烈的责任感，是教师自觉、积极职业态度形成的基础，是教师教育、教学和自身发展的重要精神动力。教育人、培养人是一个长期的过程，一种良好行为习惯的养成与一种缺点的克服等都需要教师付出长期、大量的复杂性劳动，这种在时间、空间上的全面投入，都需要教师以高度的责任心和使命感，用持之以恒的精神与坚韧不拔的毅力去对待自己所从事的崇高事业。

（3）独特的示范性

教师职业是一种道德服务，教师本身的人格、道德修养就是一种教育力量，教师的言行举止和思想道德观念，对学生、对社会都有示范作用，学生必然耳濡目染。教师师德具有教育人、感化人的作用。无论是教师个人的道德品质，还是教师的集体风貌，都具有独特的示范性。要做未来人的雕塑家，就要求教师不仅要用渊博的学识教育人，还要用高尚的人格感染人，努力使自己成为学生直接模仿的典型，对学生的学习和成长起到示范作用，成为学生做人的引路者。

（4）广泛的社会性

教师师德作为一种社会意识，是一定社会道德关系的体现，它的最显著的特点是社会性，它必然要反映一定历史条件下的某种社会关系和社会价值观。社会主义核心价值观作为一种精神航标，对于建设和谐社会具有重大的引领和指导作用。师德是社会主义核心价值观在教育活动中的具体体现，社会主义核心价值观对师德具有引领和指导作用。教师积极践行社会主义核心价值观，一方面可以用自己坚定的理想信念、高尚的职业道德为学生和社会的发展树立崇高的道德标杆，推动社会良好道德风尚的形成；另一方面，作为人类灵魂工程师，教师要修身立德、为人师表，教师崇高的师德不仅能抵制社会的不正之风，还能用自己的言行去感染和影响社会，促进和谐社会的发展。

（5）影响的深远性

如果一位教师拥有崇高的职业道德理想，散发着令人尊敬的人格魅力，那么他将成为强有力的教育力量和榜样，对学生的成长将产生深远的影响，甚至影响到他们对人生道路的选择。就影响广度而言，教师道德不仅影响在校学生，还会通过学生影响到学生的家庭，并通过家庭延伸到周围社区甚至整个社会。从影响深度而言，教师道德在教育过程中不仅作用于学生的感官，还深入到学生的心灵，影响并塑造学生的品质；不仅影响学生在校时期的成长，还会影响他的一生，进而影响到整个社会的发展。尤其是对学生而言，这种影响会延伸到他学习、生活的方方面面，因为一个人的思想观念一旦受到影响，那么他随之产生的行为也会发生变化。

（6）高度的自觉性

教师是以个体的脑力劳动作为主要的劳动方式，这一劳动方式具有独立性、灵活性和自主性的特点。教师的许多工作，诸如教师精心备课、认真批改作业、平等友爱的尊重并教育学生，真诚有效地与家长沟通等，都是处于无人监督的情况下，需要教师自觉地完成。此外，教师对学生的教育和影响并不仅仅局限在课堂和学校，在任何时间、任何地点，教师都会自觉或不自觉地对学生产生影响。这种劳动时间和劳动空间的灵活性，要求教师在遵守职业道德方面具有高度的自觉性。教育是一个使教育者和受教育者都变得更完善的职业，而且，只有当教育者自觉地完善自己时，才能更有利于学生的完善与发展。因此，师德的高度自觉性对学生成长的影响至关重要。

3. 教师师德的作用

（1）教育作用

通过教师师德的学习，可以让教师正确认识教师劳动的意义和价值，培养教师的道德信念，形成教师的职业风范，塑造理想的教师人格，从而提高教师的精神境界和师德水平，强化教师的事业心、责任感和自豪感。

（2）调节作用

调节作用是教师师德最基本、最重要的作用。教师在工作过程中需要调节多方面的关系，如教师与学生的关系、教师与教师的关系、教师与社会的关系等。协调这些关系单靠行政指令难以奏效，这就需要一种来自教师的更灵活有效的调节体系——教师师德。

（3）导向作用

教师师德的导向作用体现在教师师德的内容为教师的职业行为和师德修养指明了行动的方向。在教育活动中，教师居于主导地位，对学生的品德形成和成长具有重要的指导作用。教师师德的导向作用集中体现在教师师德的原则、规范和要求之中。教师师德的原则、规范和要求，本质上就是教师职业的"行为准则"，它给教师指出了正确的行动方向，是教师在工作生活中的行动指南。

（4）促进作用

教师师德对教育教学工作有直接的促进作用，教师师德主要是针对教育教学工作而言。严格遵循教师师德的规范和要求，有利于教师在职业活动中选择正确的道德行为，避免走弯路，从而保证教育教学工作的顺利进行。同时，教师师德不仅是对教师行为的约束，更是教师不断提升自我的行为标杆。

（5）评价作用

教师师德是社会为培养与之相适应的人而对教师工作提出的道德要求。教师师德既是规范教师工作行为的准则，也是社会、学校和自己对教师工作进行评价的依据。以教师师德为评价尺度，衡量教师行为是否符合社会的要求、是否符合职业规律、是否与职业道德要求相一致，从而分析原因，找出不足，促使教师工作进一步改善。

（6）示范作用

教师师德内化到教师思想中就会规范其言谈举止，这使教师师德以人格化、形象化的方式对学生起到示范教育的作用，同时对整个社会的文明起到示范作用。教师要做好教育工作，必然要与社会打交道，实现社会教育、家庭教育与学校教育的统一。当教师严格遵循教师师德，以高尚的道德面貌出现在社会活动中时，他们的道德风貌、人格形象便会对社会各方面产生积极影响，这些都体现了教师师德对社会文明的示范作用。

（四）幼儿教师师德

幼儿教育是教育系统最初的教育阶段，幼儿教师职业是一种关注心灵和生命成长的职业，是一种以育人为中心的职业，是建立在人格发展基础上，传承社会文明的职业。幼儿教师师德是幼儿教师职业素质的根本和核心，决定着幼儿教师职业活动的过程、目标和结果。

1. 幼儿教师师德的概念

幼儿教师师德是指幼儿教师在从事教育保育过程中形成的，用以调节幼儿教师与他人、集体、社会等相互关系时所必须遵守的基本道德准则和行为规范，以及在此基础上所表现出来的道德观念、道德情操和道德品质。该定义一方面揭示了幼儿教师师德的独特性，说明它是幼儿教师这一职业所特有的，是与幼儿教师这一职业密切联系的道德；另一方面，它揭示了幼儿教师师德的基本内涵，说明它不只是幼儿教师在职业生活中所要遵守的行为规范和道德准则，还包括从规范和准则中得而形成的观念、意识和行为品质。

2. 幼儿教师师德的特点分析

（1）幼儿教师师德标准具有较高的严格性

由于幼儿教师的任务主要是对幼儿的人格加以影响和培养，帮助他们塑造高尚的灵魂，而不是简单地从外部去"雕琢"，这就对幼儿教师师德提出了高标准、全方位的要求。幼儿教师师德标准的严格性具体体现在社会对教师师德要求的高层次性，体现在对教师师德要求的全面性。

（2）幼儿教师师德意识具有强烈的自觉性

教师师德具有高度的自觉性，基于幼儿教师责任的重大及其劳动的特殊性，因此，幼儿教师师德对幼儿教师自觉性的要求就提高了。幼儿教师个人基于信仰和理念，往往对自身也有较高的要求。

（3）幼儿教师师德行为具有独特的示范性

这一特征是由教师劳动手段的示范性和幼儿的向师性、模仿性决定的。幼儿教师师德特别强调行为的示范性。它不仅是教师自身行为的规范和准则，而且是教育培养学生的重要手段和方式，发挥着"以身立教"的突出作用。教师宛如一本"立体教科书"，以自身行为的独特示范完成教师职责。

（4）幼儿教师师德影响具有潜在的深远性

幼儿教师师德的影响深入到幼儿的心灵，不仅影响到幼儿的今天，而且影响到幼儿的未来，甚至影响其一辈子。这种影响具有潜在性，它所产生的效果不一定立竿见影，往往具有迟效性和后显性。幼儿教师师德的影响还具有广泛性，它不仅作用于每一个幼儿，而且会通过幼儿影响到家庭和社会。

（5）幼儿教师师德内容具有鲜明的时代性

幼儿教师师德有自己的发展历史和独特内容，体现着人类的智慧和文明。中国传统教师道德具有自己的特点，如强调个体道德服从整体道德，在此基础上对教师提出综合的道德要求，倡导以积极入世为道德追求，重在启发内心自觉。而当今幼儿教师师德的内容继承了优良的文化传统和优秀的师德遗产，如以身作则、诲人不倦、循循善诱、因材施教、为师重德等，涉及教师责任、教师职业良心等范畴。这就要求幼儿教师师德在内容上应与时俱进，应不断反映时代的要求。

3．幼儿教师师德的本质

（1）幼儿教师师德是幼儿教师从事教育教学活动必须遵守的职业伦理

幼儿教师是人类灵魂的工程师，是幼儿成长的引路人。幼儿教师的思想政治素质和职业道德水平直接关系到幼儿的健康成长，影响着国家的前途命运和民族的未来。因而，幼儿教师在教育教学活动中要自觉遵守职业伦理，必须严格要求自己，培养高尚的职业道德。

（2）幼儿教师师德体现为特定的道德规范体系

幼儿教师师德主要是要求幼儿教师树立正确的教育观，具有热爱教育的事业心和全心全意培育幼儿的道德责任感以及良好的道德品质。教师职业是光荣的、高尚的，百年大计，教育为本，而要办好教育，关键在于教师，教师肩负着为社会培养千万合格人才的重任。幼儿阶段是一个人成才的最初教育阶段，这个阶段形成的道德品质往往能够影响人的一生，而在这个阶段对幼儿影响较大的主要是幼儿教师。因此，在实践中，幼儿教师师德就体现为一系列的道德规范体系，引导着幼儿教师的职业工作。

（3）幼儿教师师德是从教育活动的特殊利益关系中引申出来的

幼儿教师师德是教育劳动过程中人与人之间关系的反映，是通过教育劳动表现出来的。教育劳动的社会职能主要是培养教育出具有良好品德、掌握一定科学文化知识、体魄健全的人才，并使这些人才能够为社会发展服务。教育劳动的社会职能决定了幼儿教师必须树立起为社会培养全面发展人才的道德责任感。而幼儿教师面对身心发展尚未成熟的幼儿，在培养和发展他们心智的同时，还要注意维护他们的身体健康。因此，幼儿教师在实际的教育劳动中往往需要扮演多种角色，以践行幼儿教师师德。

二、幼儿教师应具备的基本素质

（一）德性方面

德性是教师素质中最重要的成分，从某种意义上说，教育是一种信托行为，教师受托于学生的父母、社会，去掌控学生的权益和身心发展。这种受托人的责任使教育充满了深刻的道德意义。

关心和爱心是幼儿教师德性修养的重要内容，是教师事业心、敬业精神和职业道德的综合体现。热爱儿童是幼儿教师对儿童和儿童发展首先做出的承诺。学前教育是爱的职业，爱心是幼儿教师应该具有的基本素养，有爱心的教师知道，幼儿的事再小也是大事。某一个幼儿，对教师来说是几十分之一；对一个家庭来说，则意味着全部；对一个民族来说，则意味着未来。幼儿稚嫩、弱小，处于生命成长的初期，他所经历的每一步都对其未来产生着重要的影响。作为教师，不仅要把幼儿当作成长中的个体、未来的社会成员来培养，还应对儿童一生的学习和发展负责，为其一生成长打下良好的基础，这也是教师必须对儿童和社会做出的承诺。凡有爱心的教师还应有这样的信念：即每一个儿童都能够学习、能够学好，并且都能成为优秀的儿童和未来社会的合格成员；同时还要致力于将书本的、生活的经验内容转化为儿童容易理解和接受的内容和形式，努力支持和帮助儿童的学习和成长，为每一个儿童的长远发展奠定良好基础。

（二）学识方面

幼儿教师的职业特性决定了其学识涵养不是单一的，而是一个复合的结构。这个结构由通识性基础知识、教育科学知识、幼儿教育专业知识等组成。通识是人文社科和自然科学知识，它们是回答幼儿无数个"为什么"所必需的，也是作为接受过中等、高等教育的"人"所必需的，也构成一个人的文化底蕴。教育科学知识是作为教师所必备的知识，主要是教育学、心理学、教育方法、课程与教学论等基础教育理论知识。幼儿教育专业知识是幼儿教师所必备的知识，主要有幼儿心理学、幼儿教育学、幼儿园课程以及幼儿园五大领域的教育（科学、健康、语言、艺术、社会等）。

（三）技能方面

幼儿教师是一个专业技术岗位，需要特定的专业技能和专业标准。与中小学不同，幼儿园所实施的是生活教育，幼儿在幼儿园里的每一日生活皆是教育。幼儿教师专业技能是表现在对幼儿每一日生活指导及保教活动中的。比如，了解幼儿、合理选择幼教内容、创设孩子成长的支持性环境，组织调控孩子活动等技能。在幼儿园里，没有弹、唱、说、跳、绘画、书写、计算等教育教学基本功，没有熟练的组织管理技能技巧和活动设计技能，要做好幼儿教育工作肯定是不行的，从这种意义上讲，幼儿教师应当是"全才"。

（四）身心方面

健全的体格、愉快的情绪、天真烂漫的童心，这是理想的幼儿教师不可或缺的。幼儿园是一个特殊的生命生态园，因为这里是有稚嫩并成长的生命所构成的群体，这里需要健康、活力、生机、乐趣。无论是伶俐活泼的年轻教师，还是饱经风霜的老教师，他们在一帆风顺还是身陷烦恼、遭遇困难挫折时，只要面对孩子就要保持和激发童心和童趣，真诚相待，欢快游戏，让孩子在无忧无虑中尽情享受幼年生活的美好。

从有利于幼儿人格健康发展和幼儿教师自身健康发展的角度看，"快乐"可以说是幼儿教师需要养成的一种素质。包括了调控自己的情绪；对幼儿的快乐和发展的正确理解；有意识地以"幼儿快乐"来规范自己的言行等。

第二节　幼儿教师专业发展的内涵

教师职业是一种专门化职业，应从两个方面来理解：一是把教学视为专业；二是把教师视为专业人员。教师专业发展是通过教师个体专业化和教师职业专业化两个方面来实现的。

教师个体专业化是指教师在整个职业生涯中，依托专业组织，通过终身专业训练，习得教育专业知识技能，实施专业自主，表现专业道德，逐步提高自身从教素质，成为一个良好的教育专业工作者。

教师专业化发展是指教师作为社会职业人的专业成长过程；是从一个"普通人"发展成为"教育者"的专业发展过程；是教师职业理想、职业道德、职业情感、社会责任感不断成熟、不断提升和创新的过程。

一、教师专业发展的内涵

（一）教师专业发展的基本含义

教师专业发展过程也可以看作是教师职业生涯的演进过程。从这一广泛意义上讲，教师专业发展的机会可能会影响并反映教师个人生活的三方面：教室中的生活、教研室中的生活和职业生涯的开展。

教师专业发展可以用教师课堂工作中表现出的知识、技能和判断力的提高来衡量，亦可用其对专业团体所做的贡献来衡量，还可用教学工作在个人生活中的意义来评判。

教师职业专业化是教师群体专业化的发展和一种社会承认形式。教师专业化在本质上强调的是成长和发展的过程。教师专业发展是教师体系内在结构不断更新、演进和丰富的过程。教师专业发展具有以下特点：自主性、阶段性、连续性、情景性和多样性。教师专业发展的内容是很丰富的，主要体现在：知识系统、教育实践和教育研究能力，积极情感和高尚人格等方面。教师专业发展的特征体现在：目标明确的、现代的发展，自主的、能动的发展，开放的、有刺激的发展，循过程、按阶段、有规划的发展，多种路径和模式的发展，多样化途径和策略的发展。

教师职业是一个终身学习、不断解决问题的过程，是职业理想、职业道德、职业情感、社会责任感和对所教学科的价值、认知、审美等方面的理解与把握，是教育实践能力、教育经验等不断成熟、不断提升的过程。

教师专业化是指教师在专业上具有自己独特的专业要求和专业条件，有专门的培养制度和管理制度。

(二) 教师专业发展的界定

1. 教师专业具有双重学科性

教师既要掌握学科的知识和技能，也要掌握教育教学的知识和技能（学术性与示范性），并把两者统一起来。教育教学是教师专业的重要内容。

2. 教师专业发展的内容

归纳起来有三类：第一类是指教师的专业成长过程；第二类是指促进教师专业成长的过程（教师教育）；第三类是两者兼而有之。

教师专业发展的概念还把教师看作是一个"反思实践者"，一个具有缄默性知识基础的人，能够对自己的价值和与他人的协调实践关系不断进行反思和再评价的人。教师专业发展乃是教师提升专业水准与专业表现而经自我抉择所进行的各项活动与学习的历程，以期促进专业成长改进教学效果，提高学习效能。

第三类表述认为教师专业发展有五层含义：①协助教师改进教学技巧的训练。②学校改革整体活动，以促进个人成长，营造良好的气氛，提高学习效果。③是一种成人教育，增进教师对其工作和活动的了解，不只是停留在提高教学成果上。④是利用最新的教学成效的研究，以改进学校教育的一种手段。⑤专业发展本身就是一种目的，协助教师在受尊敬、受支持、积极的气氛中，促进个人的专业成长。

二、教师的专业结构

（一）教育信念

1. 教师自己的信念体系

从自己教学实践经验中逐步累积形成或由外界直接接受的教育观念，是一种经过深思熟虑并富于理想色彩的教育理念。

2. 教师的教育信念

①专业理念：教师专业行为的理性支点。②宏观上：教育观、学生观、教育活动观。③微观上：关于学习者、学习的信念；关于学科的信念；关于学会教师教学的专业发展学的信念；关于自我和教学作用的信念。教育信念在教师专业结构中位于较高层次，它统摄着教师专业结构的其他方面。

（二）教师专业能力

1. 一般能力

教师在智力上应达到一定水平，它是维持教师正常教学思维流畅性的基本保障。

2. 特殊能力

一是与教师教学实践直接相联系的能力，如语言表达能力、组织能力、学科教学能力等；二是教师对教学实践认识的教育科研能力。

（三）教师专业动机和专业态度

1. 专业动机

专业动机是指教师工作积极性的维持以及教师职业满意度的持续。

2. 教师自我专业发展的需要和意识

教师自我专业发展需要和意识是教师自我专业发展的内在动力，包括三个方面：①对自己过去专业发展过程的意识；②对自己现在专业发展状态、水平所处阶段的意识；③对自己未来发展的规划意识。

自我专业发展意识是教师真正实现自主专业发展的基础和前提，它可以增强教师对自己专业发展的责任感，使自己的专业发展保持"自我更新"的取向。

三、幼儿教师专业发展对幼儿的影响

幼儿教师与其他职业相比，工作稳定、竞争力小，但每天面对的是年纪小、注意力不集中、理解能力差、好动、易打闹的孩子。要管理好这些幼儿，需要教师具有良好的专业素养。

（一）教师责任感对幼儿教育的影响

作为幼儿教师一定要有非常强的责任感，对每一个幼儿负责。幼儿调皮好动，一不注意就容易发生意外，教师要时刻关注幼儿的动向，保证幼儿在学校的安全，尽量避免意外发生。幼儿的好奇心强，对世界充满疑问，但同时注意力分散快，所以经常会出现幼儿跟在老师身后一直问各种问题，但当教师耐心回答时这个幼儿又把注意力转移到别的事物上了，这样的情况时有发生。作为教师要理解和尊重幼儿，在幼儿提问题之时教师要耐心、细致地把道理告诉幼儿，如果幼儿听不懂，教师就应该不厌其烦地讲授，讲授时注意方法，如蹲下与幼儿同一视线；耐心倾听幼儿自己阐释问题，在幼儿不能很好表达时适时地提醒。通过这些小细节，教师言传身教，引导幼儿学会礼仪、尊重和倾听，帮助幼儿养成良好的行为习惯。

（二）教师专业知识、技能对幼儿的影响

一是要通过教育学、心理学、教育心理学的考核，掌握幼儿的基本生理和心理发展情况，学习一些教育专家总结的教学经验，掌握基本的教学规律，使教师的教学活动适合幼儿生理和心理发展需求。二是要掌握幼儿教育相关技能。教师通过专业学习，掌握健康、语言、社会、科学、艺术等领域的知识与技能，促进幼儿学习与发展。如通过弹奏钢琴等乐器，让幼儿感受音乐带来的快乐，引导幼儿感知音乐的力量；在美术课堂中教授幼儿基本的绘画知识，通过绘画与色彩发挥想象力，感知世界的美丽。幼儿教学是教育的第一步，如果因为教师的不专业，造成幼儿知识学习的错误，不但矫正失误需要花费很多时间、精力，而且影响幼儿的长足发展、打击幼儿学习兴趣。而专业的教学可以为幼儿的发展创造更多的可能，培养幼儿更多兴趣，满足幼儿多方面发展的要求。

（三）教师专业能力对幼儿发展的影响

专业能力是对教师提出的更高层次的要求，学生的天赋和性格不同，感兴趣的事物也各不一样，因材施教是达到教学目的的最佳手段。幼儿教师应该掌握观察了解幼儿的能力，通过对幼儿日常生活中行为举止的观察，以及幼儿在课堂教学中的

表现，大致判断幼儿是一种什么样的性格，这种性格适合学习什么样的课程；幼儿对哪一门科目感兴趣等。教师将观察到的付诸实践一般可以取得良好的教学效果。发现幼儿的兴趣，并加以培养，加之与家长的良好沟通，使幼儿在他所感兴趣的方面有长足的发展。在组织教学活动能力方面，幼儿教师要根据不同的课程创设不同的教学情境，按照不同幼儿的实际情况分成小组，进行有效搭配；在教学过程中维护好课堂秩序，制定教学目标和任务，等等。通过有序、明确的教学活动，最大限度地激发每个幼儿的学习兴趣，让幼儿在课堂教学中感知教学环境，掌握教学内容，建立合作意识，养成良好的行为习惯，为幼儿适应之后高层次的教学活动打下良好的学习基础。在沟通能力方面，教师要讲究方法，语气要温和，要有感情，遇到幼儿难以理解的道理时可以将其简化，编成一个个有趣的小故事，使幼儿更易于接受。除了言语上的一些细节，更要注意身体语言的表达，在表达赞扬时，给予幼儿微笑或者是拥抱等，加强与幼儿之间的沟通。家园共育也是教师与家长沟通的重要内容。教师要及时与家长沟通幼儿的在校情况和在家情况，面对不同的家长，教师要采取不同的沟通方法，掌握好谈话技巧，以获得家长的认同与支持，共同促进幼儿的健康成长。

第三节　幼儿教师专业发展的阶段理论

一、关于教师专业发展阶段的不同观点

（一）师范生

即在师范院校就读的学生，对教育教学实践还没有亲身历练。

（二）实习教师

①蜜月期：实习教师体会到教师的快乐，全身心投入教学工作。②危机期：面临实际遇到的问题越来越多，现实压力越来越大，产生危机感。③动荡期：面对现实与理想教师角色之间的差距，或重新自我预期趋于妥协或准备脱离教学岗位。

（三）合格教师

教师专业发展是一个多维度发展过程，涵盖着心理发展、专业智能发展和职业周期发展等多维度的发展阶段。它们既相互独立又相互依赖、相互促进、各发展阶

段之间有着密切联系。

1. 心理发展阶段

①具有自我保护能力，但仍然表现出单向心理依赖；②虽墨守成规，但开始具有独立思考能力和一定的批判性；③具有从事教师职业的良心和道德，心理上表现出有条件依赖；④具有自治和独立能力，有道德原则，能综合思考以及反思。

2. 专业智能发展阶段

①具有保证自己生存的一般技能；②获得基本教学技能；③具有拓展教学灵活性，能够依照教学目标、学生具体需要和教学情境，适时、灵活地运用教学基本技能；④形成了教学智能乃至教学风格；⑤有能力帮助同事提高教学智能；⑥逐步摆脱了教学常规羁绊，开始对同事的专业发展承担责任，有的还参与校外的培训工作或学校的教育决策，或参加教育行政部门各个层次的教育决策。

3. 职业周期发展阶段

①入职期：具有职业新鲜感，但在教育、教学上是新手；②稳定期：形成了深思熟虑的专业志向，具有较为熟练的教育、教学行为方式；③成熟期：具有新的挑战和关注，逐步达到专业发展最佳水平；④准备退休。

二、教师专业发展的阶段

基于长期以来我们对教师专业发展的研究以及对其他学者研究成果的借鉴，我们认为教师的专业发展分为五个阶段，即职前准备、生存期、巩固期、复兴期、成熟期五个阶段。

（一）职前准备

在师范院校（或综合性大学）学习或接受教育理论和实践的培养训练，是教师职前准备阶段。在这个阶段准教师们必须学习相关的教育理论，参加教育见习、实习的实践锻炼，开发并形成教师职业所需要的行为习惯和技能。此阶段能否发现与发展自己从事教师工作的能力，树立起基本的教育信念，与日后能否很好地专业成长有很高的关联度。因此，职前阶段打下的基础以及建立起来的职业认知与状态，影响着教师未来的发展和职业的生命力。

幼儿教师的职前准备尤其要重视培养对幼儿的情感，学习儿童身心发展的相关学科理论知识，掌握幼儿教育教学的理论与技能技巧，建立幼儿教育的科学理念及教育信念。当他们对"爱幼儿吗？""了解幼儿吗？""能与幼儿快乐地交往吗？"等问题有了肯定回答并有一定实际体验之后，他们入职幼儿教师行列，从事学前教育工作才有最起码的"底气"。

（二）生存期

刚入职的新教师不仅面临着由师范生（或仅有教师资格证的人）向正式教师角色的转换，面临着从大学校园到幼儿园教育教学实际的变化，而且也面临着所学理论与实践的"磨合期"。其间需要教师在教学实践过程中对理论、实践及其关系进行反思，以克服对于教学实践的不适应。

"骤变与适应"是这一阶段突出特点。初任教师们特别关注专业发展中的最低要求——专业活动的"生存"技能。他们要寻找各种方式来应用他们所学到的关于如何与学生共处的知识和技能。这些教师会对班级管理、计划制订、与有特殊需要和兴趣的儿童共处等复杂问题感到一定程度的不知所措。尽管这一阶段的教师有很高的热情，但他们可能会因为在这一专业的工作现实而感到沮丧或者紧张不安。

此阶段教师专业发展应主要围绕其日常困境来开展，帮助他们学习如何在实践中应用所学的策略和方法，支持与肯定他们的教学能力、教学动机。还可以通过鼓励、技术支持和技能培训等方式来为这些新教师提供有价值、有效地服务。

（三）巩固期

此时的教师逐步进入了"任务关注"阶段。这是教师专业结构诸方面稳定、持续发展的时期。随着教学基本"生存"知识、技能的掌握，教师自信心日益增强，由关注自我的生存，转移到更多地关注教学上来；由关注"我能行吗"转到关注"我怎样才能行？"上来。但自我专业发展意识的强度还较弱。他们对专业发展的重视，多是因为进修专业的要求，是为了更好地完成教学任务，以获得职业阶梯的升迁和更高的外在评价。

从"生存关注"到"任务关注"过渡的条件有：①彻底承诺献身教学；②成为受益者；③拥有妥善管理的班级和满意的师生关系；④掌握了职位关键的一整套教学技能；⑤与其他作为专业人员的同事保持密切联系；⑥恰当处理工作需要和家庭需要之间的关系。

此阶段大多数教师已经掌握了开展班级日常工作所需要的基本技能。他们开始关注那些没有达到预期发展水平的儿童或者影响班级管理的有特殊问题的儿童。

这一阶段专业发展主要通过让这些教师和新教师分享已经掌握的知识、技能或者已经完成的任务等方式来展示他们的价值。同时为他们提供能够解决有挑战行为或者发展迟缓儿童的问题的方法和途径，或者鼓励他们参加有指导性或自定步调的学习、相关会议或培训。

（四）复兴期

在班级工作几年后，教师可能会变得有点坐立不安，至少他们已经准备在教学方法上增加一些新想法。此阶段的教师能够自如地处理与教学工作有关的日常任务以及有特殊需要的儿童。这些教师知道他们在教学上以及教育领域中仍然有许多需要学习的地方。他们有自信，愿意尝试新事物，希望寻求更好的工作方式。他们有足够的基础知识来探索新的观点，并且对于检验他们的教育实践持开放态度。他们能从阅读材料、会议、研讨会、专业团体以及教育实践共同体中获益，他们同样喜欢那些能够探索新观点和运用他们所学来的新知识、新方法去帮助其他教师专业成长。

（五）成熟期

成熟期的教师更加关注"自我更新"，教师的专业发展动力转移到了专业发展自身，而不再受外部评价或职业升迁的牵制，直接以专业发展为指向。同时，教师已经可以自觉地按照教师专业发展的路线和自己目前的发展状况，有意识地自我规划，以谋求最大程度地自我发展。

目前虽不能确切地预测一个教师达到成熟需要多长时间，但一般认为第三年到第十五年是一个教师在教育实践中成熟的阶段。成熟的教师对于他们的教学实践自如、自信、达观。他们不仅能够处理日常问题，还能处理班级中出现的复杂问题。这些成熟的教师经常是其他教师的导师，有些可能对方案发展或者管理任务感兴趣。许多处于成熟期的教师寻求培训别人的机会，将其作为促进自身发展的一种方法。他们还有可能对领导经验感兴趣，比如，他们会领导团队来策划一个班级、学校、园所的活动，或者实行一个新的项目或方案。

总之，我们应该把教师专业发展的不同阶段看作一个连续体上的点，每个阶段不是像一所大房子中的独立房间一样彼此独立，其发展过程也不是脱离一个阶段再进入到下一阶段。教师专业发展的进程较慢，可能同时表现出几个发展阶段的特征，也可能会因为教学环境变化在不同阶段之间转换。比如，一个达到复兴期或者成熟期水平的教师，当他所在学校、园所的环境发生重大变化时，也可能需要面对生存期或巩固期的任务。因此，应该将教师专业发展阶段看作是相互关联的和不断发展的，这一点非常重要。

三、"自我更新"取向教师专业发展

教师具有较强的自我专业发展意识和动力，自觉承担专业发展的主要责任，激励自我更新，通过自我反思、自我专业分析、自我专业发展设计与计划方法来拟订、自我专业发展计划实施和自我专业发展方向调控等方法来实现自我专业发展和自我更新的目的。

（一）"自我更新"取向教师专业发展的基本特征

1. 将自己的专业发展过程作为反思对象

自我更新是教师在了解教师专业发展一般路径的基础上展开的。它要求教师在专业发展过程中，参考教师专业发展的一般路径不断对自己的专业发展过程进行批判性反思，并将此作为采取进一步专业发展的行动依据。

2. 强调教师不仅是专业发展的对象更是自身专业发展的主人

第一，教师拥有个人专业发展自主的权利。即教师能够独立于外在压力，订立适合自己的专业发展目标、计划，选择自己需要的学习内容，有意愿和能力将所订立的目标和计划付诸实现。只要有利于个人专业发展，就能把"自主"与外在因素协调起来，从而自我更新，不断进步。

第二，实行自我发展管理，无论是在正式的教师教育情境下，还是非正式教师教育的日常生活情境中，教师均表现出实施自我教育的意愿和能力。

第三，能够自觉在日常教育教学工作中自学，以寻求提高。

3. 目标直接指向教师专业发展

把个人的专业结构改进作为根本，把教学工作看作是一种专业，把教师作为专业人员去追求个人专业结构的不断改进与完善。因为仅仅把教师专业发展看作是职业阶梯，一旦达到既定层次的阶梯，则可能失去进一步发展的动力。

（二）"自我更新关注"阶段教师在教育观方面的变化

第一，学生观的转变。学生不仅是自己工作的对象，而且是学习的主人。教学中除了让学生理解所教的内容之外，还意识到要鼓励学生自己去发现、构建"意义"。

第二，教学观的转变。不再把教学看成是"教给"学生如何去理解的过程，而是帮助学生去理解、构建"意义"的过程。教学不再仅限于帮助学生学习知识，而

且要在师生互动过程中使得学生获得多方面发展。

第三，教师知识结构发展的重点转到学科教学法知识及其在教学实践中的应用，不再把专业学科知识作为重点。

(三)"自我更新关注"阶段教师个人实践知识的拓展

个人实践知识是指教师关于课堂情境和在课堂教学时如何处理所遇到困境的知识。它建立在学科专业知识和一般教学法知识基础上，是一种体现教师个人特征和教学智慧的知识。

教师拥有个人实践知识，标志着教师专业发展的重大进步，意味着教师开始了有自己个人特点的专业知识结构的构建。因为他不再仅是接受前人总结出来的普遍适用"原理"或"规律"，或是书本知识，而是自己在探索、形成鲜明"个人特征"的知识结构，是一个积累、发展和创造的过程。

(四)"自我更新关注"阶段教师专业发展的特点

①自觉的专业发展意识（不仅是沿着职业发展前行）。②专业智能发展范围由内及外，不断拓展（能迅速把握课堂；能把自己的班级与整个学校联系起来）。③开始追求卓越和专业成熟（视野开阔，考虑教师角色与社会发展的关系）。④保持开放的心态，接纳新的教育思想和观念，为我所用。

四、教师专业学习的课程

教师专业学习的课程计划至少需要包括以下五个方面：①把教学和学校教育作为一个完整的学科来研究。②学科教育学知识，即把"个人知识"转化为"人际知识"的教学能力。③课堂教学中应有的知识和技能，即能够创造一种集体氛围，使各类学生都能学习并得到发展。④教学专业独有的素质、价值观和道德责任感。⑤各方面对教学实践的指导。

五、教师专业发展的策略

(一) 保证自我反思的经常化、系统化

教师对自我专业发展的反思是"自我更新"取向教师专业发展的基础，没有对自我专业发展过程的反思，就没有"自我更新"取向教师专业发展。

(二) 利用多种检测手段了解自己专业发展的起点

检测内容：一是对教师内在专业结构的检测，通过检测可以了解教师内在专业

结构的不足，以便更有针对性地制定目标和克服原有的专业结构可能对专业发展带来的不利影响；二是对教师自我专业发展意识的检测，通过检测可以得知目前教师本人所具备的专业发展准备程度和自我发展能力。

（三）记录关键事件，经常与自我保持专业发展对话

记录对自己专业发展影响较大的关键事件，不仅可为事后回顾、反思自己的专业发展历程提供基本素材，而且叙述过程本身就是对自己过去的教学经历予以归纳、概括、反思、评价和理解的过程。在这一过程中，教师会更清晰地看到自我成长的轨迹和内在专业结构的发展过程，进而为能够更好地实行专业发展的自控和调节奠定基础。

（四）与其他教师相互合作、交流

"自我更新"取向教师专业发展强调教师自己主动地、积极地追求专业发展，保持开放的心态，随时准备接受好的、新的教育观念，更新自己的教育信念和专业职能。教师之间要打破隔离，敢于承认自己在专业发展过程中存在的问题，寻求同事的合作与帮助，尽快地成熟起来，成为专家型教师。

第四节　幼儿教师专业发展的制约因素

一、影响教师专业成长的内部因素

幼儿教师是在对自己的认识不断深化，在自身需求的驱动下，努力发挥自己的主观能动性，在认识自我的同时，实现专业成长的。

（一）幼儿教师需要具有专业成长的主动性

首先，任职初期应勇于面对自己的不足，对自己的工作要有合理的期待，对工作中可能出现的困难要有心理准备，积极地面对，淡化急于求成的心理，坚持自身职业理想，努力改善面临的困境，而不是退缩和抱怨。总结经验与不足，在反思的过程中充实自己的实践经验，储备成长的力量。

（二）幼儿教师要积极学习，勤于思考，善于反思

在学习专业知识的过程中，提高解决问题的能力，充实自己的理论基石。在思考的过程中，解决棘手的问题，总结教学中经验与技巧。通过反思不断完善自己的

知识体系，教学技能，从而实现自主发展，幼儿教师专业成长最根本的途径在于自主发展。自主发展是指教师具有自我发展的意识和动力，自觉承担专业发展的主要责任，通过不断地学习、实践、反思、探索，使自己的教育教学能力不断提高，并不断向更高层次的方向发展。幼儿教师要培养自主发展的意识，通过多种方式实现自主专业成长。

（三）幼儿教师要加深对自己的认识，准确定位

幼儿教师要获得专业成长就需要以幼儿教育发展的要求不断督促自己找到自己的定位。专业成长是幼儿教师对自我有深刻认识和理解的基础上进行自我引导的过程。

（四）个人的性格特征

每个人都有独特的性格特征，其中优良的性格特征对教师的专业发展具有一定的推进作用，自信、合群、坚韧、宽容、踏实、自尊等性格特征对教师专业发展尤为重要。

（五）自我发展的需求和理想

教师自我发展的需求和理想对教师的专业发展具有直接的影响，是教师专业发展的重要内因，可以促进教师学习的主动性。坚定的教育信念是名师成功的精神力量和支柱，敬业的精神使名师事业更成功、更长久。

（六）学习习惯

良好的学习习惯对教师的专业成长具有重要的推动作用。大部分教师比较推崇自主阅读的学习习惯，认为自主阅读对自己的专业成长具有重要的影响。一方面，自主阅读的学习习惯有助于教师获得专业知识；另一方面，通过阅读大量经典名著，教师情感得到进一步丰富和发展。教师自主阅读的书籍主要包括名人名著、励志美文、教育专业书籍等。专家型教师在阅读中一般都能把书中的知识和感悟结合到自己的实践工作中去，自觉地把书当作自己的精神食粮。

二、影响教师专业成长的外部因素

（一）影响教师专业成长的关键事件

所谓"关键事件"是指个人生活中能够引起教师对自己原有专业知识结构（包括教育观念、知识、能力、专业态度和动机、自我专业发展需要和意识等）进

行反思，并做出某种关键性的决策或某方面转变的事件。关键事件常常带有强烈的个人意义和个人色彩，突出的是个体自身的感受及其对个体的影响。根据事件的不同结果可以将影响教师专业成长的关键事件分为两类。

一类是成功型事件。成功型事件是教师个人生活中获得的奖励性事件。幼儿园教师专业成长中的成功型事件主要包括：参加教学技能大赛、公开教学展示活动、参加教师职业道德演讲比赛、亲人的随时提醒以及领导和老师的认可等。成功型事件往往能使教师获得专业认同感，增强其专业信心，有利于教师发现自我的潜力，增强教师的自我效能感，并进一步激发其专业成长的内在动力，强化教师的成就动机，使之进入"获得成功——高成就动机——再次获得成功"的良好循环。

一类是挫折型事件。该类事件具有较强的两面性，如果引导不好，教师往往容易陷入专业发展的低潮期。这类事件主要包括：教学中的失误、领导的批评、因病错失的成功机会等。挫折型事件可以引发幼儿教师对其教育行为、态度进行自我反思，触动教师内心深处的教育观念，使其认识到自身的隐性教育观，并改变自身的教育行为。

另外，在影响教师专业成长的关键事件中还包括启发型事件和感人型事件。启发型事件可以是教师参加的一次培训、听的一次讲座、看的一本书、观摩同事的一节课以及与专家进行的一次研讨等。它能激发教师的学习动力，增长教师的专业知识，更新其教育观念。感人型事件满足了教师爱的需要，其中孩子的爱是其重要来源。这种"爱"是一种力量，可以坚定教师从事本专业的信念，激发教师工作的热情和专业成长的动力，并使幼儿教师产生职业幸福感。

（二）影响教师专业成长的关键时期

影响教师成长的"关键时期"是指关键事件发生的敏感期。这一时期内教师在专业结构上往往会出现质的改变，即教师专业发展多在这一时期产生。教师专业成长存在着阶段性，90%的中青年教师将自己参加工作的1~5年定为第一阶段适应期，6~15年定为第二阶段成长期，15年后定为第三阶段成熟期。教师专业成长的关键时期主要集中在第一和第二阶段。

"适应期"在教师的成长过程中有着举足轻重的地位。在这个阶段教师是否热爱工作、是否熟练掌握教学基本功、是否渴求教育理论与经验、是否具有一定的可塑造性，决定了其将来能否走向成熟、成为名师。这是因为名师的成长是一个从量变到质变的过程，"入职适应期"属于特殊的"量变"阶段，虽然说教师在发生质的突变成为名师之前都处于量变期，但在量变过程中教师在专业素养的发展速度、水平、程度等方面的差异在入职适应期是最明显的。

（三）影响教师专业成长的关键人物

"关键人物"是指在教师专业发展过程中对其影响较大的某个人，通常这种影响是正面的、积极的。影响幼儿园教师专业成长的关键人物主要有：同事，主要是园长和有经验的老教师；亲人，主要是父母亲、爱人；专家，主要是教学领域的先进分子或理论工作者。特别是初任教师总是自觉或不自觉地选择某一位教师作为认同的对象和教学行为的基本参照，此后，教师会在此基础上不断改造和更新自己。需要指出的是，在不同的专业成长期，关键人物往往会发生变化。如在教学适应期，影响教师专业成长的关键人物往往是幼儿园的园长或其他有经验的教师，而等教师逐渐适应教学岗位后，对其专业成长影响较大的可能就是一些专家和亲人了。

三、幼儿教师发展需要良好的外部环境

（一）幼儿教师专业成长需要人文关怀

人文关怀是对人的生存状况的关注，对符合人性的生活条件的肯定，对人类解放和自由的追求，它体现一种人文精神。这种人文精神强调以人为价值核心和社会本位，把人的生存和发展作为最高的价值目标，对人的合理需求给予满足，对人的价值实现、身心发展等愿望给予全面关怀。

（二）幼儿园管理者要提供促进教师成长的工作环境

幼儿园管理者要创造良好的工作环境，形成一个良好的学习共同体，在大家共同进步的群体中，潜移默化地受到影响，共同实现专业成长。要创造良好的工作环境应做到如下几点，如：①切实关怀幼儿教师的主体地位与权力；②为幼儿教师创造自我实现的良好条件；③充分发挥幼儿教师的创造才能；④建立相应的体制和机制，保障教师的专业成长。

（三）需要幼儿家长的理解和积极配合

幼儿成长还需要家长的配合，需要家长与教师教育保持一致。教师与家长在理解与配合的基础上保持良好的合作关系。而教师真切体会到自己的劳动价值，获得职业幸福感，从而更积极地投入工作，加速专业成长。

（四）学前教育专家应协助幼儿教师实现专业成长

专家对幼儿教师的工作不起决定性作用，但确是幼儿教师成长的指南针，对幼

儿教师成长具有引导作用。一方面，通过与专家沟通可以加深问题的认识，清楚问题的理论含义；另一方面，当特殊情况出现时可以得到专业指导有利于解惑。

幼儿教师的专业化成长以热爱孩子、热爱教育事业，对工作倾注自己的全部爱心和责任为起点，因为教学首先是一种道德和伦理的专业，新的专业精神需要重申以此作为指导原则。在得到孩子喜欢和同行的认可后，能否逐步明晰和确立个人专业发展目标是关键，积极的态度是实现个体持续发展的必要条件。教师应以积极主动的态度来实现自己作为教育生活主体的地位，名师之所以成为名师，正是因为他们自己努力要成为名师。

第二章　幼儿教师职前培养模式及课程改革

第一节　卓越教师职前培养模式建构原则

一、概念界定

（一）卓越教师

《说文解字》有云"卓，高也；越，度也。"按此说法，"卓越"一词有超过一定程度的意思。翻阅新华字典，"卓"被理解为超高，不平凡的意思；"越"的含义为跨越，超越。"卓越"一词按其理解为超出一般水平，卓尔不凡的意思。按其字面意思来看，"卓越教师"则是超出一般水平的教师，是比传统教师更为杰出的教师。这种"卓越"不单单是指能力上的突出，更重要的是一种积极向上的情怀，不断地超越自我，追求更高的境界和更好的状态。"卓越"作为比较的结果而存在，这种存在不只存在于个体之间，而且还存在于群体之间。卓越不仅是对自我的超越，而且也是对平常状态的超越。卓越是始终怀着一种开放的姿态，由一种姿态向更好的姿态过渡并逐步摆脱当前姿态的过程。卓越没有终点，追求卓越的过程也可以说是不断进取的过程。卓越教师是不断追求优秀、不断追求好的教育的教师，他们不断地突破自身，完善自我，在创造中进步，在创造的过程逐步走向卓越。

（二）教师职前培养

一般来说，教师职前培养的概念界定并不复杂，总体而言，教师职前教育是教师教育的第一阶段，既是教师职业任职资格教育，也是教师未来发展的奠基性教育。它是获取教师资格的必经阶段，使有志从事教师职业的人员习得相关的教育教学知识和教学技能，为后来成为专业教师奠定基础。教师职前培养是教师职后培养的基础。

（三）卓越教师职前培养

理清卓越教师培养的概念，首先我们得了解培养的概念。"培养"一词就其本身来说，属于生物学用语，是指以适宜的条件促使其发生、生长和繁殖。培养指教育者使受教育者掌握系统的科学文化知识和技能，进而形成其思想品德、健全体魄的过程。其内涵与教育基本相同，如"培养全面发展的人"，也可以说通过教育使学生成为全面发展的人。培养是依据一定的培养目标、培养方案、培养方法等，培养主体对培养对象的身心施加影响的活动。卓越教师培养乃是培养出卓越教师为目标的一种活动，它是人才培养的一种特殊形式。而人才培养就其构成要素上来说，包括人才培养者、人才培养措施和人才培养对象三个。就范围来说，包括社会人才培养和学校人才培养两种，通常所指的人才培养是指学校的人才培养。学校的人才培养是指学校的人才培养者采取某种人才培养措施以使人才培养对象的身心发生合乎目的的变化活动。因此，人才培养是人才培养者通过设立一定的培养目标，采取一定培养措施作用于一定的培养对象以使培养对象的身心变化达到预期培养目标的活动。培养目标和培养措施是人才培养不可或缺的内容。

卓越教师培养包括卓越教师职前培养和卓越教师职后培养。卓越教师职前培养可定义为基于职前教育阶段，各师范院校根据一定培养目标采取一定培养措施作用于师范生，使其身心变化达到预期培养目标的活动。各大试点院校、实施卓越教师培养活动的管理部门、教师均是我国卓越教师职前培养的培养主体。当前，我国卓越教师培养计划的实施主要以师范教育体系为载体，以培养高质量的师范生为主，我国卓越教师培养实际上是培养未来的卓越教师。

二、建构原则

卓越教师的培养是社会发展的需要，更是新时代教育发展的需求，从职前教育开始进行卓越教师的培养，这是一个非常复杂且见效较慢的人才培养过程，在此过程中需要遵循一些基本的原则。

（一）学术性与师范性统一原则

卓越教师培养的学术性与师范性统一问题，一直是教师教育改革发展过程中争论的问题。教师教育"师范性"和"学术性"之争，可简单概括为，教育教学知识和能力（教育教学能力和教育教学研究能力）与学科知识和能力（科学研究能力）在师范教育中的争论，也就是说，师范生是仅仅掌握学科知识和培养一定的科研能力呢，还是要学习教育教学知识和培养一定的教育教学能力和教育教学研究能力？通俗地说，学术性要解决教学中"教什么"的问题，即除教育理论以外的学科专业的学习和研究；师范性主要解决教师"怎么教"的问题，即对教育理论的学习和研究以及教学技能的培养与训练。以上是对教师教育学术性与师范性的简要概述，也是最本质的内容。

1. 卓越教师培养的学术性

学术性是指在学科知识和教研任务中的学术水平程度。从培养目标方面来看，卓越教师培养的学术性人才应该注重培养教学与科研并重的学者，并主要强调科学研究尤其是专业学科与教育科学的研究；从人才培养规格方面看，学术性要求培养出具有一定学术水平及研究能力的学者。不仅要具备丰富的学术知识，还要懂得在已有的知识基础上进行研究和创新，需要一定的研究能力，做一位有深厚专业知识的研究者。

2. 卓越教师培养的师范性

师范性是指师范院校的教育专业性和专业特征，是师范院校专业思想、职业道德、行为规范、职业素养和职业技能等方面在学校教育教学和各种活动中的集中反映，是师范院校区别于其他院校的本质属性。有学者认为，"师范性"的界定可从三个层次来解释说明：从宏观角度，教师培养的师范性主要包含办学定位；从中观角度，教师培养的师范性主要体现在人才的培养目标和规格，以及课程指标体系和教学评价等方面；从微观角度，教师教育的师范性主要涵盖了教师的职业道德、教育思想及职业行为规范。我们认为，从人才培养目标来看，卓越教师应具有丰富的学科理论知识、熟练的教育教学技能，具备良好的教师职业道德素养；从培养规格上看，卓越教师主要培养具有一定教育理论知识和教学能力的教育实践者，不仅包括"怎么教"的知识，还要了解学生心理各方面的知识。

学术性与师范性是卓越教师培养的两个基本属性，两者相互依存、相互渗透。学术性主要解决教师"教什么"的问题，师范性主要解决教师"怎么教"的问题，一个优秀教师既要知道"教什么"，又要熟悉"怎么教"。从表面上看，卓越教师培养的学术性与师范性之间是对立的，但实质上却是相互作用，相互渗透的，学术性与师范性是对立统一的关系。学术性与师范性是教师教育不可替代、不可分割的基本属性，二者彼此联系、相互包含。学术性体现的是师范性中的学术性，脱离师范性的学术性则是残缺、孤立的；同时，师范性也是具有一定学术水准的师范性，缺乏学术性的师范性是僵化、肤浅的。只有二者融合统一，才是完善高师院校卓越教师培养模式的必经之路。

（二）理论知识学习与实践能力培养统一原则

在教师培养中，理论知识学习与实践能力培养的关系问题是一个常说常新的问题，也是教师培养中不能回避的重大问题。卓越教师职前培养中，既要注重理论知识的传授，又要重视实践能力的培养，达到理论与实践教学的有机统一。

1. 理论知识学习

理论知识是教师工作必须要掌握的知识，"师者，传道授业解惑也"。有关教师教育的理论知识，从不同的方面有不同的界定。从广义上说，教师所掌握的理论知识主要是教师为实现预定教育目的所必须具备的各种文化科学知识及其掌握和熟练程度。从内容和性质上说，教师所掌握的理论知识不仅包括科学性、客观性的理论知识或公共知识，也包括实践性、情境性的实践性知识。从狭义上说，教师所掌握的理论知识是教师的专业知识或教师的职业知识。教师的理论知识不同于一般大众知识和普通职业的知识，也不同于教育研究者和学校其他教育工作者的知识。教师的理论知识是一个被职业、教育功能、教育目的、教育空间和教育情境限定的知识。一般认为，卓越教师教育中所掌握的理论知识主要包括公共基础知识、专业知识、相关学科知识、教育科学知识、中外历史文化知识、实践性理论知识等方面。

2. 实践能力培养

卓越教师培养的主要任务是通过师范生入职前的培养和在职教师的培训来提高教师素质。在卓越教师职前培养过程中，实践能力培养是卓越教师培养的重要环节，也是优秀教师必备的基本功。教师实践能力培养主要包括基础实践能力、专业实践能力和创新实践能力三个方面。基础实践能力是从事教育教学需要的基本能力，如观察能力、分析能力、语言能力等；专业实践能力指从事教育教学的实际操作能力，如教育能力、教学能力、教育管理能力等；创新实践能力主要指创新思维能力、教育科研能力和自我实现能力，创新实践能力是教师专业发展较高层次的能力。教师是一种实践性很强的职业，实践取向已成为教师教育的基本理念。实践性是一种价值倾向，是在职前教师培养中所表现出的一种价值倾向性。教师应该成为反思型教育的实践者，强化教育实践能力培养是教师教育人才培养模式改革的基本趋势，也是地方院校培养优秀幼儿教师的重要举措。卓越教师实践能力培养，要求教师职前培养阶段注重加强教育实践环节，使师范生形成初步的教育教学能力。

（三）职前教育与职后培训一体化原则

教师教育一体化已成为世界上大多数国家教师教育的理念和实践。教师培养职前职后一体化是指为了适应学习化社会的需要，以终身教育思想为指导，根据教师职业发展的理论，对教师职前培养和职后培训进行全程的规划设计，建立起教师教育各个阶段既相互衔接的，又有内在联系的教师教育体系。教师教育一体化观念的形成，得益于三个方面。一是教师职前教育和职后教育脱节的教师教育模式在实践运作中的低效甚至失败，促使人们反思，进而寻求一种全新的教师教育模式。二是许多教育家对教师专业发展规律的理论研究，促使了许多人教师教育观念的转变，逐步树立了教师教育一体化的观念。三是终身教育思潮对教师教育一体化观念的形成起到了推波助澜的作用。教师培养职前职后一体化能够加强高校和幼儿园之间的联系，有利于高校及时把握职前教师教育和职后教师培训的脉络，有利于促进卓越教师的专业化发展。

1. 职前教育

职前教育是指教师在正式步入职场前的培养，主要教育对象是毕业后走向讲台的在校学生。教师职前教育的目的是培养未来教师丰厚的专业知识、健全的人格修养和良好的心理素质。

专业知识的学习。教师是以传授知识为主要工作手段的职业，丰富的专业知识是做好教师工作的前提，专业知识也是教师作用于教学对象的资本，是教师进行教书育人必备的业务素质，也是教师影响力的源泉。

健全的人格修养。教师不仅将知识传授给学生，同时教师的思想作风、学习态度、行为习惯、兴趣爱好，都对学生产生着影响。教师对学生的成长影响是广泛且深刻的，研究证明，教师的人格修养高低对学生的影响是广泛的，能影响学生学习的精神是振作还是萎靡、兴趣广泛还是狭窄，性格温和还是暴躁，意志坚强与否，生活是否有序。教师富有魅力的人格修养能产生言传身教的效果，甚至是身教重于言教的效果。

良好的心理素质。教师的心理素质不仅能影响学生人生观、价值观的形成，而且影响学生乐观情绪的建立，教师的心理素质对学生的心理健康起着核心作用。

职前教育不仅要使学生获得丰厚的专业知识，还要培养学生健全的人格和良好的心理素质，帮助学生树立正确的教书育人观念，使他们将书本知识与教育教学实践有机结合，为卓越教师的成长奠定良好的基础。

2. 职后培训

职后培训主要指学历合格教师的在职进修提高或学历未达标教师的学历补偿教育，也称"继续教育"。包括新教师入职培训、在任教师的继续教育及终身教育：职后培训是我国教师教育体系的重要组成部分，是现代社会发展和教育发展对教师素质要求提高的集中反映。在教师成长过程中，良好的职前教育能为教师的发展打下坚实的基础，优质的职后培训可以为教师专业提供持续不断的强有力的保障。所以卓越教师职后培训不仅是教师职业专业化发展的要求，而且是终身教育与学习化社会思想的反映，更是教师个人发展的需求。

把教师定位为专业人员，客观上要求教师必须通过专业学习和专业培训，才能更好地提高自己的专业素养，增强不断反思和改进、提高教育工作的意识和能力，形成相应的品格和技能。在终身教育和学习化社会思想推动下，教师教育的重心已经后移，终身教育与学习化社会理念改变了传统教育的理念，使教师的职后培训成为教育改革的重要基础，教师个人成长都要经历从新手到成熟的过程，正规、良好的职后培训可以满足教师自我发展欲望，使教师通过培训获得知识的更新和教育观念的改善提高。职后培训不仅是教师实现理论与实践相结合的途径，也是教师塑造人格、追寻自我生命意义的过程。卓越教师培养要实现教师职前教育与职后培训一体化，职前教育与职后培训一体化有利于高校更新教育观念、有利于高校优化课程、有利于教学资源的充分利用、有利于提高幼儿教师的培训实效，促进教师的专业化发展。目前，高校教师教育专业承担着教师职前教育的任务，为幼儿培养了大批基础知识扎实、教学技能较强的教师，如果高校在进行教师职前教育的同时，承担教师职后培训的任务，使培养与培训一体化，就能大幅度提高教师职后培训质量，从而使我国教师职后培训步入实质性的、高效地运转轨道。职前教育与职后培养一体化，是今后我国教师教育发展的基本方向和教师专业化发展的必然要求，也是高等师范院校的职责所在。

（四）校内校外培养相结合原则

1. 充分利用学校自身的教育资源

随着高等教育改革和内涵式发展的要求，压缩课堂教学时数，把时间还给学生，鼓励学生自主学习，培养学生实践能力。高校在教师培养过程中，要体现课堂教学与课外教学、校内教学与校外教学的有机结合。充分利用学校自身的教学、实践资源，做到以课内学习（第一课堂）为主，以课外学习（第二课堂）和社会实践学习（第三课堂）为辅，真正达到培养师范生的从师技能、动手能力、组织活动能力和社会实践能力的教学目的。高校首先要创新教师教育观念，秉持教师教育改革促进教师专业化发展的总体思路，以树立良好的师魂和师德为基础，以实践取向为导向，构建教师教育课程体系，以"三化协调、两性统一"为目标，以培养培训一体化为主线，引导学生牢固确立教师专业信念，树立教师专业意识、态度与责任感，重点培养学生的教学设计能力、教育实践能力、教育研究能力、教育创新能力和教育反思能力五种教师专业能力。通过综合管理，协调和整合校内各学院的教学、实践资源，保证校内教育教学工作的良性循环。

2. 合理利用校外教育资源

本着"互惠互利、共同发展"的原则，建立政府、高校、幼儿协同培养教师的互动机制。高校通过建立"请进来""走出去"的协同培养机制，合理利用校外教育资源，提高卓越教师培养质量。"请进来"，就是把具有丰富继承教育经验的研究人员、特（高）级教师请进来给师范生做专题讲座，或者在实习支教时聘请担任实习指导老师，指导实习生的课堂实践活动。"走出去"，就是让高校教师教育教师和学生深入到幼儿园，教师参与幼儿园的课堂教学或教学研究活动，实现教师互聘互用、学生深入教学实际、资源共建共享、科研共抓共管、教师共同发展的协同培养目标。

第二节　卓越教师职前培养的价值取向

一、概念界定

（一）价值取向

价值取向中的取向一词，实乃主体追求、选择的倾向。价值取向可认为是价值主体的追求与选择的倾向。价值取向是价值问题的延伸，体现了一定主体对客体的认识、态度和思想倾向性，是价值主体在进行价值活动时指向价值目标的活动过程，反映出主体价值观念变化的总体倾向。它体现了价值主体在价值选择过程中所具有的倾向性。它是基于主体需要的满足而受制于价值目标的理念，一般来说，有什么样的价值目标，就会有什么样的价值取向，作为对人类美好理想的价值追求，它的形成和实现源自内在的内驱力，推动着人类积极采取各种方式进行科学研究，创造出各种技术手段来满足自身的需要。

价值取向就是人们在一定场合以一定方式采取一定行动的行为倾向。它来自行为主体的价值体系、价值意识，表现为政治取向、功利取向、审美取向、道德取向等不同方面。

价值取向是内化于人们意识之中的公认的判断事物的标准，它决定所有具体的外在行为准则之间逻辑上的一致性，使人们在具体的文化场景中做出正确的选择和判断，它也是文化的核心。

（二）卓越教师职前培养的价值取向

卓越教师职前培养的价值取向是指卓越教师职前培养主体在进行培养活动的过程中对一定培养行为进行选择时的指向性与倾向性。这种指向性与倾向性影响着卓越教师职前培养的效果，也可以说是影响着师范生培养的效果。因而，确立合理的价值取向对于我国卓越教师职前培养至关重要。

二、卓越教师职前培养价值取向的表现

卓越教师职前培养的价值取向主要表现为在各大试点院校进行卓越教师职前培养的过程中，卓越教师培养主体采取一定培养措施作用于师范生时所持有的价值倾向。卓越教师职前培养主体所持有的价值倾向通过具体的培养目的表现出来。培养目的在具体的培养活动中主要通过培养目标、课程设置、培养过程、培养方法等体现出来。目前我国卓越教师职前培养价值取向主要表现为：卓越教师职前培养精英化、卓越教师职前培养理论化、卓越教师职前培养行为极端化。

（一）精英化

"精英化"是相对于"非精英化""大众化"而言的。在教育领域，"非精英化""大众化"教育主要是指不以培养人文学科的专业人员、未来的专家学者以及真正的学术领域的精英大师为目标的教育。据此，精英实乃高精尖技术人才，大学教育精英化便是将有限的教育教学资源集中起来培养时代需要的高精尖技术人才或优秀人才、卓越人才。将有限的优质教育教学资源分配给参与精英化教育的培养对象，是精英化教育区别于大众教育、传统教育的根本特征。精英化教育培养出的人才在人格特质、人文素养、实践能力、社会阅历等方面都具有区别于一般人的卓越品质。进行"精英化"的培养活动，一方面，有利于使有限的教育资源得到更有效率的配置，使人才培养效率实现最大化。同时，也有利于提高人才培养质量，相应提高教育质量，以更好地促进社会经济的发展。但另一方面，"精英化"的培养活动使得另一部分人丧失了享受优质教育资源的机会，导致教育资源分配不公，引发

教育不公平现象。

我国卓越教师职前培养目的主要是为我国的基础教育职业输出高质量的师资力量。进行"精英化"的集中培养是目前我国卓越教师职前培养实践的共同特征。高校在卓越教师职前培养方面采取的方式主要为设立卓越教师培养试点班，各大高校纷纷响应教育部的号召，以卓越教师实验班为载体，力求通过设立试点班对卓越教师实施培养以进一步提升师范生的培养质量。

（二）理论化

厘清"理论化"的概念，首先得明晰什么是理论。一般而言，理论作为组织化的概念体系，是人们关于事物知识的理解和论述，用以解释一种或一系列的现象。理论具有指导、解释和预测实践的作用。"理论化"则是将某个人所习得的知识或信息在其头脑中加以系统化的过程。理论知识通常与实践知识相辅相成，在培养活动中主要表现在培养内容上。对于某个培养活动来说，若培养内容的理论化过强，培养活动往往难以达到理想的培养效果。相应地，我国卓越教师职前培养活动若是过于强调培养内容的理论化，我们培养出来的人才可能会因缺乏相应的实践经验而难以适应以后的教师岗位。

人才培养内容是人才培养措施的表现形式之一。就学校教育来说，课程是人才培养内容的主要表现形式。这里的课程不仅包括学校主管部门在课表里所设置的内容，还包括了除课程表内容之外的，与课表相联系的一切课外活动等。

（三）极端化

极端是事物发展的端点状态，往往出现两个互为对立的最高峰。这里的"极端化"主要形容人们的行为指向。人们在进行行为抉择时，往往呈现出不同的行为指向。有人喜欢美好的事物；相反地，就会有人喜欢丑陋的事物。当前，我国的卓越教师职前培养行为的选择就受到了各大师范院校培养主体行为偏好的影响，有学校倾向于培养出教育实践能力较强的学生；有学校倾向于培养出教育理论知识丰富的"理论型"研究员；有学校倾向于培养出全方面发展的精英教师等，卓越教师职前培养活动的培养行为指向呈现出明显的极端化现象。

就目前各大师范院校开展的卓越教师职前培养实践的具体情况来看，部分师范院校为了提高本校师范生的就业率，将卓越教师培养等同于教师专业化，在培养卓越教师方面将重点放在了师范生教育教学技能的提升方面，如安排了一年半的教育实习期，设置专门的教师教育技能提升课程，以提升师范生的讲课说课能力。

三、卓越教师职前培养价值取向的合理定位

（一）人是教育的目的

人是具有主动性和能动性的人，教育应以人为本，人是教育的最终目的。教育是有目的有意识地培养人的活动，这是教育区别于其他活动的质的规定性。离开了人，教育活动也失去了意义。"人是目的"主要有两层含义：一是人是生活在社会中的人，社会或国家是人生活的载体，没有了社会或国家，人也将不复存在。二是个人的存在可为社会或国家创造一定的价值，这种价值是其他任何东西都无法超越的。教育作为一种培养人的活动，它通过培养人为国家或社会服务，促进国家或社会的发展，但是反过来，国家或社会的发展和进步是在为每个人谋福利，其最终目的在于人的发展。因此，教育作为培养人的活动，最终还是要促进人的发展，这里的发展包括了人的身心与人格的全面发展。人类发展的目的在于使人日臻完善；使他的个性丰富多彩，表达方式复杂多样；使他作为一个人，作为一个家庭和社会的成员，作为一个公民和生产者、技术发明者和有创造性的理想家，来承担不同的责任。

如今，知识经济时代对人才素质提出了更高的要求，21世纪社会需要的是兼具智慧性和创造性的人才。人才的培养依靠教育实现，这就迫使我们的教育更要了解人，尊重人，以人作为教育活动的出发点和归宿。每个人的自由发展是一切人自由发展的条件，社会中只有每个人的个性得到了发展，整个社会的发展才有了可能。在人类的历史长河中，总是存在着这样的现象：一部分人为了获得自身利益而以牺牲另一部分人的利益为代价，这样只会增加一部分人和另一部分人之间的矛盾，矛盾的出现只会阻碍社会和谐的出现。其实，每个人都是社会中独特的生命存在，有着其独特性和自主性，没有人可以利用任何目的而使其被牺牲。生活中任何使其受到威胁的行为终将使社会陷于不和谐之中，社会稳定和谐的前提源于社会中个人自由的充分保护，因此人应该成为社会的最终目的。

基于人是社会的最终目的，就当前的卓越教师职前培养实践来看，确立每一位培养客体（师范生）在教育价值主体中的核心地位，在具体的培养实践中将卓越教师职前培养的合理价值取向定位于每一位培养客体（师范生），这也在一定程度上体现了教育的本体需要即教育要促进每个个体的发展。学生个体发展以身体和心理的发展为基础，身体和心理两个部分是存在于学生生命个体内部的内在联系，健全生命的存在来源于学生个体的身体和心理的协调发展，如果只重视学生身体机能的

发展，忽视学生心理因素的发展，学生走入社会以后便会成为没有思想、没有灵魂的人；反之，如果只重视心理层面的发展，忽视身体方面的发展，这会使得个人的发展缺少活力，个体生命的发展会成为无源之水，无本之木，个体自身生命的存在也会受到威胁。促进学生个体的发展，意味着教育要顺从学生身体和心理发展的规律，使学生的身体和心理得到协调发展，而且教育中的所有教育要素都要为之服务，发展人的丰富性、多样性。在我国，为适应我国政治、经济、文化和科技发展的需要，以及适应国民教育思潮和实践的需要，师范教育由此诞生。师范教育承担着保证我国教育事业正常运行的任务，在我国整个教育系统中有着特殊的地位和作用。师范性是师范教育区别于其他类型教育的本质特征，师范教育培养的是未来我们的社会主义建设所需要的教师，师范教育培养出来的教师在未来会成为影响他人的教师，我国卓越教师的培养主要依靠我国的师范教育体系来实现，在我国卓越教师培养的过程中，教育者不仅仅要向受教育者传递教师教育相关的知识和技能，更重要的是要意识到参与师范教育的学生是人，他们是一个个真实的生命存在，相比对他们进行系统的专业教学来说，我们更应该遵循其身体和心理发展的规律，注重学生德行觉悟的提升，把参与卓越教师培养的师范生培养成完整意义上的卓越人，才能使他们在以后的教育教学工作中用积极的人格态度去影响人和塑造人，这才是我国卓越教师培养的价值取向所在。

（二）教育是提高人的生命质量的活动

每一个人都是独特的生命存在，每个学生也是独特的生命个体。教育影响人的过程也是促进人的生命发展的过程。生命对于我们来说是熟悉的，生命蕴含于我们自身之中，我们随时都能感受到生命的跳动。生命对于我们来说是陌生的，我们经常享受着生命的快乐，却又道不尽生命的实际内涵所在。理解生命的含义，我们一般基于哲学上的意义去认识它、理解它。教育的真正意义在于引导和发展人内心的"善"，善来自人的心灵，每个人的心灵里都存在着"善"，对于教育来说，相比对学生进行知识和技能的传授，使学生养成高尚的德行显得更为重要。自然教育顺从儿童身心自由发展的规律对儿童进行教育，目的在于保存和发展儿童与生俱来的天性，使儿童发展成为真正意义上的自由人，成就了儿童的自由，就相当于保全了儿童的生命，自然性是儿童生命存在的主要特征。

由于教育是促进人的生命发展的活动，个人幸福的实现、社会的进步以及民族的繁荣都依赖于教育活动中人的发展。教师在教育活动中起着主导作用，承担着教书育人，培养社会主义建设者和接班人的主要任务。教师在教育活动中要培养什么样的人以及怎样培养人，一方面由教师所持什么样的学生观而决定，另一方面由教师本身的自我意识决定。从教师发展的历史角度来看，教师的发展经历了一个动态变化发展的过程。教师在教育过程中对学生起着重要的引导作用，教师要培养出"完整人格"的人，首先，教师本身就要懂得揭掉"教师"这张面纱，回归到教师原本的人性状态。其次，教师本身需要转变师生观念，使师生关系由功能性的社会关系向存在性的人人关系转变。传统的师生观念认为师生关系是一种功能性的社会关系，这种功能性的社会关系实际上是为了满足某种外在的个体或社会的功能性目的而建立起来的社会关系。在这种关系之下，教师和学生分别扮演着"教师"和"学生"之间的角色，缺乏了人与人之间的精神交流与互动，脱离了教育本真。随着时代的变迁，师生关系也逐步被赋予了新的内涵。师生关系要逐步从功能性社会关系转变向存在性的人人关系转变。这种存在性的人与人之间的关系意指作为"教师的人"和作为"作为学生的人"之间存在的关系。在这个关系层次上，师生之间需要的是真诚的交流、深刻的反省和积极的对话，也正是在这种存在性的关系中，学生的存在问题才能显现出来并从教师的存在经验中获得启迪。只有教师将学生作为独立的有思想、有情感的"独立的生命个体"来看待，传统的教师权威真正地被教师所摒弃，教师和学生之间进而才能实现精神层面的平等交流与对话，教育活动进而才能促进人的生命的发展。

人作为生命的存在，具有发展的丰富多样性和无限可能性。现实的教育活动要尊重个人发展的主体性和遵循学生身心发展的规律，用多元的发展眼光看待和分析作为教育对象的人，以促进人的生命个性的形成和丰富其生命个性的养成。制度公正是教育公正的前提和基础。在教育学视野中，首先表现为人权保障平等的受教育机会及每个人潜能的最大程度地发展；其次表现为对弱势群体的补偿；再次表现为通过教育中的交往建设新型共同体。学校教育最终要将促进人的生命发展为教育的目的，为每个人的发展提供平等的受教育的机会。只有实现人人平等地发展，整个社会才能更加的和谐。人虽然是有限性的存在，但是人是具有自我意识和主观能动性的个体，人能意识到自己生命中的有限性，不断地认识自我，创造自我，进而不断地超越自我，这种不断超越自我的意识自然地成为人实现自身"卓越"的源泉和动力。就我国而言，师范院校长期以来都承担着为我国基础教育输送师资的职能，我国卓越教师培养活动的实施主要以我国的师范教育体系为载体，将学生分为两个类别：卓越教师培养班和非卓越教师培养班。这样的分班方式与我国传统的价值观念相符合，比如我国将一些学校设为示范学校，相对于非示范学校来说，示范院校占有优质的教育资源，这也在一定程度上剥夺了其他非示范学校使用优质教育资源的权利。同样的，将卓越教师培养分为卓越教师培养班和非卓越教师培养班，卓越教师培养班的学生占有优质的教育资源，比如优质教师的配备、奖学金政策的倾斜、出国留学机会的倾斜等，这些都在一定程度上造成非卓越教师试点班学生的不满。既然人人生而平等，人的发展具有丰富性和多样性，我国卓越教师培养活动在实施的过程中更应看到人的发展的特征，遵循人的身心发展规律的多样性和丰富性，肯定每个学生存在的价值，为每位学生提供均等的卓越教师职前培养的机会，使每位学生都有成为卓越人的可能性。师范生是我国卓越教师培养的主要对象，他们是未来的卓越教师，在卓越教师培养的过程中要懂得将培养对象视为生命的存在，尊重他们存在的独特性、意向性、文化性，同时要认识到培养的过程不是在教给他们生存的知识和技能，更重要的是教会他们认识到人的生命存在的价值与意义，在培养的过程中注重学生生命的发展。

（三）卓越教师职前培养活动是起点而非终点

从概念方面来看，"卓越"最早期属于经济学范畴，意指以最低的成本投入获得比原本投入更大的经济效益，卓越常常被看作是群体比较的结果，殊不知其也存在于个体自身方面，是个体对自身原有状态的超越。个体的能力是有限的，人是作为有限的存在而存在，但是若人能意识到自身的有限性而不断地去创造、去发现，不断地超越自我、完善自我，个体才能达到"卓越"的状态，个人才能因此而生活得更幸福、更美好，这也是成为"卓越人"要达到的最终状态。而后，"卓越"一词，被应用于教育领域，"卓越教师"因此而来。"卓越"本身有"杰出、超出一般"之意。因而，卓越教师在教育素质和教育能力方面优于一般的优秀教师。基于以上概念的分析，首先，从人的特质方面来看，卓越教师是具备卓越潜质的人。教育是人影响人的活动，教师是教育活动的主要实施者和领导者，卓越教师首先要成为卓越的人，才能教育和培养出下一代的卓越的人。其次，从教师职业特征方面来看，卓越教师是教师行业里的佼佼者，是教师群体学习的榜样，有着不断超越自我、完善自我的专业发展境界。这二者有机统一，共同构成了我们对卓越教师的理解。

百年大计，教育为先。教育大业，教师为本。教师决定着学校教育的办学水平和办学质量。现在随着国际竞争愈来愈表现为人才的竞争，知识经济时代的到来给人才培养提出了更高的要求：知识经济时代需要学校教育能够培养出具备创新能力的高素质人才，而高素质人才的培养需要依靠优质的学校教育实现。教师在学校里履行着教书育人的职责，师资力量的优越性体现着学校的办学水平和办学质量。因而高素质人才的培养更大程度上依赖于学校造就出的一流教师，由此卓越教师培养计划应运而生，它的出现满足了社会现实的需要。就我国的卓越教师职前培养的现状来说，师范教育作为国家整个教育大业的工作"母机"，其主要通过培养教师（育人者）来为社会服务。师范教育既是一种培训师资的专业教育和事业，又是一种培养和训练师资的活动过程。我国卓越教师职前培养活动的实施主要依托我国的师范教育体系来实现。在我国卓越教师职前培养活动实施的过程中，培养对象在培养过程中担负着双重身份：一是，作为培养对象，他们是受教育者，不仅有着学生的身份，而且是作为人的存在；二是，培养对象是在未来可能成为人民教师，他们也需要增长教师方面的意识和基本素质。我们培养出来的学生将来从事的是育人的工作，教育人、发展人、影响人是他们将来工作的主要职责。他们将来要面对的是一个个鲜活的生命个体，这些个体是有思想和意识的，他们要做的是改造人的主观世界，影响他人的灵魂，促进个体身心健康有序地发展。因此，培养卓越教师不仅要培养学生教育教学方面的知识和技能，更重要的是要培养学生的卓越潜质，使其先成为卓越的人，这样才能不断激发学生发展的潜力，引导他们去追寻和发现生活中的真、善、美，如此学生才能不断追求更高的目标，最终达到卓越人的状态。

（四）卓越教师职前培养是教师专业化的重要途径

教师专业化是职业专业化的一种表现形式，是教师个人成为教学专业人员同时在教学中具有更加成熟作用的过程。教师专业化不仅包括了个体的专业成长，同时也包含教师作为教育者整个群体的专业成长，教师个体的专业成长是教师群体专业成长的基础。教师专业化主要包括教师群体的专业化和教师个体的专业化，一般来说，个体是群体的组成单位，因而教师个体的专业化理所当然地成为教师群体专业化的前提和基础。我们通常所说的教师专业化，其实更多的是指教师个体专业化。总而言之，教师专业化其实是个体实现由"普通人"到"教育者"的转变并不断获得专业化的过程。

随着我国教师教育事业发展和基础教育改革的不断深入，教师专业化的理论和实践问题越来越受到广大教育研究者们的关注。教师质量的高低关系着教育质量的高低；教师的精神风貌影响着学生的精神风貌；教师工作的积极性影响着学生工作的积极性；教师首先要学会创造自己，学生的创造精神才能得到培养。因此，合格的教师不仅要具备扎实的专业知识，而且还要具备较为娴熟的教育教学的专业能力。教师职业是一门专业，教师需要具备普通人所不具备的专业知识、专业能力、专业态度等方面的素质，这也是教师职业区别于其他职业的特点所在，也是教师专业化对教师职业的客观要求。教师个体需要将教师专业化内化为自身不断发展、完善及发展自己的内在动力，这也是成为合格教师的标准之一。换而言之，成为合格教师的前提是实现教师的专业化，合格教师是专业知识、专业技能等方面的素质都得到了良好发展的教师。对我国来说，我国的教师培养要经历四个阶段：第一个阶段要实现"匠师型"教师到"专家型"教师的转变；第二阶段要实现"专家型"教师到"创新型"教师的转变；第三阶段要实现"创新型"教师到"卓越教师"的转变。从我国教师培养所要经历的发展历程来看，卓越教师可以说是专家型教师和创新型教师的有机统一体。教师的专业化是成为卓越教师的前提之一。

　　我国卓越教师职前培养是国家的一项系统的综合工程，对于推进我国的教师教育事业发展和基础教育事业改革发展有着十分重要的意义和价值。在成为一名卓越教师之前，首先要成为一名专业教师。因此，我国卓越教师职前培养要懂得遵循教师专业化发展的规律，以教师专业化发展为着力点，把握教师专业化的特点及发展趋势，在促进教师个体专业发展的同时，推进我国教师群体的专业化建设，在实现培养"专家型"教师的基础上为实现"卓越教师"培养做准备。

四、卓越教师职前培养合理价值取向的实现路径

（一）树立以人为本的培养目标

　　我国卓越教师培养是根据一定的培养目标，采取一定的培养措施，以作用于培养对象并使其身心变化达到预期培养结果的活动。培养目标是我国卓越教师培养的出发点和归宿，它由培养者制定并在一定程度上体现着培养者的价值取向。因此，确立合理的卓越教师培养目标有利于推进我国卓越教师培养的进程。我国"卓越教师培养"计划的顺利推行，培养目标的定位是关键的一环，培养目标是培养活动的出发点和归宿，是我国卓越教师培养活动的导航，指引着我国卓越教师培养活动的方向。

　　培养目标是教育目的在各级各类学校教育机构的具体化表现。教育目的与培养目标之间是普遍与特殊的关系，教育目的是培养目标制定的前提和基础，在一定程度上体现着教育目的。各级各类学校可根据各自学校学生的不同特点来制定学校的培养目标。因而，培养目标在一定程度上也体现着学校教育的价值取向。培养目标作为一种终结性结果的表达，对学校的培养活动具有一定的指向性。同样我国卓越教师培养作为一种培养活动，在各大试点院校的实施中也有着不同的培养目标，确

立合理的卓越教师培养目标有利于我国卓越教师合理价值取向的实现。就我国卓越教师培养目前在各大试点院校实施的情况来看，各大高校对卓越教师培养目标更多的是从工具性效用的角度进行理解，它们倾向于将卓越教师培养的目标理解为具有扎实的专业知识、较强的专业能力以及在以后的教学工作中能够热爱教育事业并且胜任教学工作的教师，这样的理解忽视了卓越教师的真正内涵。作为一名卓越教师自然需要具备扎实的专业知识和较强的教育教学实践能力，但教师是人类灵魂的工程师，教师在从事教育工作的过程中更多的是影响人的灵魂和塑造人的灵魂，我国卓越教师培养应强调学生物质人格和精神人格的塑造，使学生具有健全的人格，才能让他们在以后的教育教学工作中去影响人和塑造人。目前各大试点高校培养出来的教师拥有相应的专业知识和专业能力，他们将教师职业作为一种谋生的手段而不是将教师职业作为自己热爱的事业来对待，他们的工作缺乏主动性和积极性，教学活动缺乏活力，他们虽然能够成功地适应教学工作的岗位，但是随着时间的积淀，他们只能成为传统的"教书匠"，而不能够成为"卓越教师"。这些都背离了我国卓越教师培养的初衷，我国卓越教师培养主要是培养未来的卓越教师，卓越教师首要的特征是卓越的人，其次才是卓越的教师。我国目前培养出的卓越教师是"准备式"的卓越教师，强调知识和技能的培养效果只是暂时的，我国卓越教师培养具有长期性和滞后性的特征，现在培养出的"准备式"卓越教师实际上是在为未来实现"完成式"卓越教师做准备。因此，我国卓越教师培养目标更加应该注重身心融合，持久的心理品质的培养。卓越教师的培养应从长远的角度来看，我们不仅要培养他们现在作为教师应有的基本素质，如具备相应的专业理论基础和教育教学能力，更应该培养他们以后作为卓越的人应该具备的基本素质，如终身学习的理念、自我意识的能力等，因为社会环境总是在不停地变化，如果现在他们因为具备了卓越教师的基本素质而在学习上停滞不前，那么等到社会环境发生变化时，他们最终会因为无法适应社会环境的变化而被社会所淘汰。我国卓越教师培养目标除了要考虑适应基础教育发展和相关教育领域的专家之外，还应考虑到培养对象身心发展的需要。卓越教师职前教育阶段的培养质量影响着学生职后发展的质量。为此，学校在制定卓越教师培养计划的培养目标时，应该将卓越教师应具有的基本特质考虑在内。通过对参与培养对象的调查研究，了解学生的发展现状，在尊重学生发展主体性的基础上，综合相关学科专家的建议以及社会的实际需要，树立合理的可行的卓越教师培养目标。针对目前过于重视理论知识学习或者过于重视实践能力的卓越教师培养现状，各个试点学校卓越教师培养目标的确定一方面要适当增加教育理念与责任在培养目标中的比重，帮助学生树立正确的教育观念和人学观念，增强学生在以后从教生涯中的责任感；另一方面，培养目标中不能过于强调教育理论知识的学习或者过于强调教育实践能力的培养，要采取折中的办法合理看待二者在培养目标中的比重，适当增加学生创新理念、终身学习理念的培养，为学生成为卓越教师奠定基础。

总的来说，我国卓越教师职前培养是生命影响生命的活动，卓越教师职前培养的主要对象是高校的师范生，我们培养的是未来的卓越教师。那么在实际的培养活动中学校应该深刻领会卓越教师职前培养目的对具体的卓越教师职前培养活动的引导作用。卓越教师并不只是教学能力强的教师，他们不仅对学生有着一颗仁爱之心，而且自身有一种不断追求、不断超越自己的意志。因此，学校在实际的培养过程中应该注意将师范生培养成为具有健全人格的人。

（二）明确卓越教师职前培养标准

确立明确的卓越教师职前培养标准，一是有利于选择和判定已经到达卓越教师水平的学生，二是卓越教师培职前培养标准的设定有利于促进一般学生、优秀学生向更高的水平发展，进而不断地提升整个教师队伍的质量。卓越教师是教师队伍不断超越自我、突破自我、不断创新自我、不断追求卓越的指南针，为我国教师队伍不断向前发展指明了前进的道路和方向。就我国现行的卓越教师职前培养现状来说，包括各大试点院校卓越教师职前培养标准的描述显得较为笼统和迷糊，各个学校在卓越教师培养过程中对卓越教师概念上的理解不清楚，使得卓越教师培养计划实施的行动不一致，这在一定程度上会造成培养结果的多样化。导致培养结果多样化的根源在于卓越教师职前培养缺乏科学理论的指导。

就我国卓越教师职前培养现状来看，确立明确的卓越教师职前培养标准已经迫在眉睫。卓越教师职前培养标准的拟定依赖于对卓越教师应具备的特质的理解。卓越教师首先是卓越的人，有着开放的精神境界，不断向前发展的动力，乐于尝试新鲜的事物，有着终身学习的理念和可持续发展的能力；其次才是卓越的教师。卓越的教师应具备相关的教育教学知识与能力。

（三）为每位学生提供优质发展的机会

教育的本质是培养人，让每一个个体都能得到充分的发展。人以及人的发展是教育活动的根本所在。培养活动与教育活动类似，我国卓越教师职前培养的培养对象是师范生，师范生是正处于发展过程中的个体，我国卓越教师职前培养最终要实现每一位学生的发展。步入 21 世纪，"个性化"已经成为时代的重要特征，我国卓越教师职前培养要促进每一位师范生的发展，首先要尊重每个师范生自身存在的个性特征。在培养的过程中要注重学生之间的智能差异，并针对学生之间存在的心理差异进行有针对性的指导。卓越教师并不是全能教师，他们的卓越成就并不在于方方面面，也可能是在某一方面的能力比他人更加优秀的教师。我们现在培养的卓越教师是具有卓越潜质的教师，为了以后能使其为实现自身的卓越创造条件，各大试点院校在进行卓越教师培养的过程中应当以个性化培养理念为导向。其次，培养的过程应该尊重每位师范生，为其提供均等的培养机会。现今，追求教育公平和追求教育资源均衡发展已成为我国教育事业发展的趋势。教育公平首先要保证的是教育起点的公平，再次是教育过程的公平，最后才是教育结果的公平。培养过程要注重"以人为本"的培养理念，就要尊重每位师范生，为每位师范生提供平等的培养机会。我国卓越教师职前培养目的并不只是成就一部分人的卓越，更重要的是使人人都能得到实现自身卓越的机会。卓越教师职前培养可以考虑放宽报名资格或者取消这种分班培养的方式，为每位学生提供平等的发展机会。

（四）给学生提供可持续发展的动力

现今，我国已经步入了知识经济社会，科学技术更新的速度逐步加快，这使得人们需要具备相应的学习能力，学习是人类生存和发展的重要手段。就教师而言，"严谨笃学，与时俱进，活到老，学到老"逐渐成了每位教师的学习理念，"给学生一碗水，教师先要有一桶水"的传统教育理念已经不能适应目前时代社会发展的需要。现今，对于个人来说，获取知识的方法比获取知识本身更为重要，教师要教给学生学习的方法，教师自身便要懂得如何学习这些方法，因此教师的可持续发展理念显得尤为重要。就目前我国卓越教师职前培养的现状而言，我们培养的是未来的卓越教师，卓越教师的培养并不是一气呵成的，卓越教师的职前培养是为学生的职后教育做好铺垫。学生入职以后的发展还是依赖于个体是否愿意主动地追求发展，这些则依赖于学生在学习过程中获得的对教育工作的坚定信念和可持续发展的理念。从长远的角度看，对于我国卓越教师培养，我们不仅仅要培养他们作为教师应有的基本素质，比如具备相应的专业理论基础和教育教学能力，更应该在教育教学的过程中坚定他们的教育信念和可持续发展的理念，使学生在学习的过程中不断获得发展的动力，不断对自己提出更高的要求。社会环境在变化，如果现在只是掌握了相关的教育知识与技能，而在以后的从教工作中停滞不前，那么最终也会由于难以适应变化的教育教学环境而被社会淘汰。

（五）改变学生评价方式

学生评价是以学生为评价对象的教育评价，是教育者依据一定的评价标准，对学生的发展进行事实评判和价值评判的活动。对学生评价的结果直接影响学生的思想及行为表现。要在学校教育中建立多元化的学生评价体系，对学生的评价不仅要关注知识文化方面，还需关注学生在其他方面发展的潜能。对学生进行评价的目的主要是帮助学生认识自我、发展自我，使学生在脱离学校教育之后能够实现自我发展，这也是学生评价的教育价值所在。学生评价作为教育评价的核心，是教育评价的重要组成部分，对学生的学习活动具有导向及教育作用，能够引导学生的成长与发展。从评价的主体来说，学生评价包括教师评价以及学生的自我评价。学生评价期望效果需要有评价者的主动参与。现在的学生评价已不把学生当成评价的客体，而是将其作为参与评价的主体，使被评价者积极主动地参与评价的过程，以实现教育过程中自评与他评的结合，这样有利于增强学生自主适应社会发展变化的能力。目前，在我国卓越教师职前培养实践中，学校对师范生的评价并没有摆脱传统的学生评价模式（注重考试形式的评价），学生评价方式显得较为单一。对于我国卓越教师职前培养来说，各大试点院校应该注重评价对于学生自我认知、自我发展的促进作用，并且将这种能力内化于心中，内化于学生的素质结构当中。在学生评价方面，适当增加学生自主的评价与反思，并引导学生朝着卓越的品性去努力，这在一定程度上有利于加快我国卓越教师职前培养的步伐。

第三节　卓越教师职前培养课程改革必要性

一、卓越教师培养对课程设置提出新要求

（一）重视师德养成教育

育人为本，师德为先，师德是教师的职业准则和规范。教育活动首先就是道德活动，师德是教师在从事教育劳动中所遵循的行为准则和必备的道德品质。它是社会职业道德的有机组成部分，是教师行业特殊的道德要求。中国自古以来就重视师德，将"师德为先"作为理念，体现了对优秀传统文化的传承。"师德为先"也是幼儿教师应具备的专业理念，加强师德养成教育，对幼儿教师来说，是教师的灵魂

所在，是决定其有无资格做教师的首要因素，即职业的"第一通行证"。高校教师教育课程要体现师德养成教育内容，把师德养成教育贯穿教师培养全过程。

（二）体现以学生为本的教育理念

人力资源是我国经济社会发展的第一资源，教育是开发人力资源的主要途径。要以学生为主体，以教师为主导，充分发挥学生的主动性，把促进学生健康成长作为学校一切工作的出发点和落脚点。关心每个学生，促进每个学生主动地、生动活泼地发展，尊重教育规律和学生身心发展规律，为每个学生提供适合的教育。努力培养造就数以亿计的高素质劳动者、数以千万计的专门人才和一大批拔尖创新人才。

坚持以学生为本，是教育改革和发展的战略主题，是贯彻党的教育方针的时代要求，其核心是解决好培养什么人、怎样培养人的重大问题，重点是面向全体学生、促进学生全面发展，着力增强学生服务国家、服务人民的社会责任感，培养学生勇于探索的创新精神和提高学生善于解决问题的实践能力。卓越教师首先树立以学生为本的专业理念，尊重学生权益，以学生为主体，教学活动应充分调动和发挥学生自身参与及学习的主动性、积极性，开展适宜学生身心发展特点的教育活动，从而促进每一位学生快乐、全面、健康地成长。教师教育课程必须引导师范生深刻认识以学生为本的教育理念，促进学生健康成长作为自己教师职业的终极追求。

（三）关注终身学习的教育理念

终身学习是指社会每个成员为适应社会发展和实现个体发展的需要，贯穿于人一生的、持续的学习过程。时代在变，教师学习是人类生存和发展的手段，终身学习是当代教师自身发展和适应职业的必由之路，活到老学到老，是新时代教师的需要，是时代的呼唤，是教育发展的要求。为此，一些国家普遍扩大了师范教育的范围，引进了教师教育的理念，将终身教育的概念引入教师教育领域，将职前教师培养和在职教师培训有机结合，使教师教育终身化，并贯穿教师职业生涯的整个过程。新时代教育的发展要求教师是终身学习、不断自我更新的人。终身学习已成为未来每个社会成员的基本生存方式，那种"一朝学成而受用终身"的观点已经过去，人们再也不能只通过一段时间的集中学习，获得一辈子享用的知识技能。只有主动去掌握新概念、学习新理念、研究新问题、培养适应新环境的能力，才能使自己终身受益。

教师教育课程应实现职前教育与在职教育的一体化，增强适应性和开放性，体现学习型社会对个体的新要求。教师教育课程应引导未来教师树立正确的专业理想，掌握必备的知识与技能，养成独立思考和自主学习的习惯；引导教师加深专业理解，更新知识结构，形成终身学习和应对挑战的能力，树立终身学习、终身发展的观念，为教师的终身专业发展提供支持。

（四）强化教育实践环节

高效的实践教学是整个教师教育教学工作的重要环节，有利于师范生在职前教育阶段关注幼儿园实践教育活动的现状，切实提升自我专业知识和能力，加快自身专业化发展程度；同时，能够强化实践意识，关注幼儿教育的现实问题，从而在教育教学情境中提升自我专业能力，提升自我专业理念及专业认同感。为此，教师教育课程应强化实践意识，关注现实问题，体现教育改革与发展对教师的新要求。教师教育课程应引导未来教师参与和研究基础教育改革，主动建构教育知识，发展实践能力；引导未来教师发现和解决实际问题，创新教育教学模式，形成个人的教学风格和实践智慧。

二、卓越教师成长需要对课程改革提出新要求

教师教育课程建设，关系到教师的教育素质，关系到教师的专业化程度，进而关系到未来教育质量和国家发展潜力。因此，建设一支卓越教师队伍，大力提高教师专业水平至关重要。作为教师教育主渠道的师范院校，坚持与基础教育互动，全方面推行师范专业课程建设，保持教师教育课程的先进性和实践性，具有非常重要的意义。

（一）卓越教师专业化发展对教师教育课程改革的需求

在现代社会，人们越来越认识到教育不仅是一种社会职业，而且是一种专业；教师应当是经过专门训练的专业人员。要培养出训练有素的、达到专业化标准的卓越教师，就必须从教师教育课程改革入手，把教师教育课程改革作为达到卓越教师培养目标的重要任务。

近年来，很多国家都加快教师专业化的建设步伐，提出了不同的建设标准和目标。这些标准和目标归纳起来主要包含几个方面的内容。一是教师知识技能的体系化。教师知识技能的体系化是指形成一套关于教育教学的专业知识技能体系，以此作为教师教育的内容和教师从事教育教学工作的依据。教师职业专业化基础的知识技能体系既包括学科专业知识，也包括教育专业知识技能和实践性知识。二是教师

教育的专业化。教师教育的专业化包括建立职前教育与职后教育在内的促进教师专业化的教师教育制度。职前教育有师范生接受的师范教育和新教师的入职辅导。新教师的入职辅导一方面指各级师范院校的职前短期系统培训工作，另一方面指新教师所在的学校请有经验的老师对新教师进行现场指导，向新教师提供系统而持续的帮助，使他们尽快适应环境，转变角色。职后教育主要指在职培训。教师的在职培训主要是为了适应改革与发展的需要，为在职教师提供适应教师专业发展不同阶段需要的继续教育，引导教师掌握新的教育教学理论和技能，培养教师研究教育对象、教育问题的意识和能力。教师在职培训的主要措施是：理论学习、尝试实践、合作交流、反省探究等。三是教师资格的制度化。教师资格是国家对专门从事教育教学人员的最基本要求，是公民获得教师岗位的法定前提条件。教师资格制度是国家对教师实行的特定的职业许可制度。在实施过程中，教师资格制度化包括建立教师的学历制度、执照制度和职务晋升制度的三位一体的教师资格认证体系。四是教师活动的团体化。教师活动的团体化是指通过建立社会公认的教师信赖的教师专业团体，促进教师之间的学术交流，扩大教育专业知识与技能在社会中的影响力和权威性，从而更好地提升教师职业的专业地位和社会地位。

与其他专业相比，教师的专业化是比较复杂的，因为教师职业具有社会性、双专业性等特征。因此，应遵循"宽口径、厚基础、重实践"的原则，调整课程结构、拓展课程类型、打破学科界限、整合课程内容、强化实践课程、开发潜在课程，构建与基础教育改革和教师专业化要求相适应的课程体系。

（二）卓越教师教育能力提高对教师教育课程改革的需求

教师是一个专业化的职业群体，其职业的特殊性要求每位教师都应具备从事本职业所需的基本素养和基本技能，即教育能力。教师教育能力作为教师教书育人的基本能力，并不是一种单向的能力构成的，教育能力是由多种单项能力组成的和谐统一的总体，缺少任何一种有机的组成部分，都将直接影响教师能力的质量、水平及其发挥。关于教师教育能力的结构或分类，一般认为包括以下几个方面：一是教师教学能力。教师的基本职责是教书育人，所以教师教学能力是教师的核心能力，它直接影响课堂教学效果和学生能力的发展。教学能力是教师运用特定的教材，采取一定的教育教学方法，从事教育教学活动、完成教学任务的能力，它包括基本教学能力和特定学科的专业教学能力。特定学科的专业教学能力是教师在各种特定学科教学中所具备的专业性能力。二是教师的育人能力。教师的育人能力包括思想品德教育与生活指导的能力、团队管理的能力及心理教育和咨询能力等。这是教师教书育人过程中一项重要能力，这种能力的大小直接加强或削弱教师教育教学的效果。三是教师的拓展能力。教师的拓展能力包括学习能力、教育科研能力和创造能力等。这种能力是教师在教学生涯中不断提升自己、促进专业发展的一项重要能力。教师教育能力的提高，需要教师教育课程进行系列的改革来培养。

（三）教师自我成长对教师教育课程改革的需要

设计教师教育的未来发展，培养新时代的卓越教师，首先就要搞清楚知识经济时代、学习型社会对教师教育的培养目标提出的新要求，教师教育必须进行应对。在过去很长一段时间里，人们习惯于把教师看作实现教育目的的手段、工具。作为手段和工具的教师培养在历史上存在三种模式。一是"知识型教师"培养模式。这种模式是以知识传授为基础，或强调学科知识、或强调教育专业知识，把知识的传承作为教师教育的核心内容，支撑的是一种在压力下的、强迫性的、以吸收知识为中心的被动性、维持性学习。二是"技能型教师"的培养模式。这种模式的理念是教师不仅要有知识，而且要掌握基本的教学技能，要有把知识表达出来、传递出来并教会学生的能力，要有处理各种日常教育事务的能力。三是"人格型教师"的培养模式。这种模式从传统教师的形象期待出发，坚持"学高为师，身正为范""严于律己""自我约束"等教师人格的要求。这三种模式已经不能适应知识经济时代开放社会、开放教育的要求。

终身学习以教会学习、学会学习为宗旨，不再执着于各种确定的知识，而是把激发受教育者的学习愿望、兴趣和动力放在了首位，要求的是一种建构性的学习，因此，需要教师在教学中不断自我成长。自我成长型教师需要发展的不仅是"三字一话"的技能，而且要求熟练掌握现代科学技术；不仅要求会传授知识，而且要掌握沟通以及在复杂环境下灵活处理教育问题的能力；不仅要有教育合作能力，而且要有参与社会生活的交往能力。自我成长型教师在人格上也超越了传统的界限，要求教师不能仅限于师德的自我完善，而且应该在多元化的社会中学会辨别道德是非，做出道德判断和道德选择，并且勇于承担道德责任。因此，自我成长教师的培养模式是在终身学习观念指导下，对传统教育培养模式的批判、继承和发展，是辩证的扬弃。

教师教育课程改革，既注意了未来教师知识的掌握与技能培养，更注意未来教师的学习能力的培养，注重使未来教师从"知识技能型"转变为"自我成长型"。自我成长型教师不仅是学生们的教师，而且是与学生共同学习成长的伙伴。教师如果仅仅满足于经验，而不能对自己已有的经验进行深入反思的话，经验将只能是狭隘的、低层次的、肤浅的，这将大大限制教师的自我发展。而当教师开始将思考的目光投向自身已有的知识经验时，就意味着对旧我所包含的教育理念和行为的扬弃与对未来发展前景的规划，这就是自我成长、自我发展、自我超越。以自我成长型教师为培养目标的教师教育是真正意义上的素质教育，因为人的可持续发展就是素质教育的精髓所在。

第四节　卓越教师职前培养课程改革目标与任务

课程是高校教育的心脏，是人才培养和教学工作的基本依据，也是影响乃至决定教育教学质量的关键要素。课程改革是学习方式和教学方式的转变，改变课程过于注重知识传授的倾向，强调形成积极主动的学习态度，使获得知识与技能的过程成为学会学习和形成正确价值观的过程。课程改革的核心理念是一切为了学生的发展，把目标锁定在能够有利于学生卓越教师的发展，有利于学生的终身发展。

一、卓越教师职前培养课程改革目标

课程改革是教师教育改革的关键，受多方面因素的制约。因此，要进行教师教育课程改革，必须明确教师教育课程改革目标，必须从指导思想上明确卓越教师培养对课程的客观要求，建构与基础教育新的课程体系相协调、与教师专业化需要相适应的教师教育课程体系，为基础教育培养卓越教师，为社会提供高质量的教育服务。

（一）凸显卓越教师培养的理念

育人为本是教育的生命和灵魂，是教育的本质要求和价值诉求。育人为本的教育思想，要求教育不仅要关注人的当前发展，还要关注人的长远发展，更要关注人的全面发展；不仅要关注被育之人、育人之人，还要关注所服务之对象——国家和人民，为国家服务、为人民服务，不断满足国家和人民群众的需要。高师院校实施卓越教师培养计划，进行教师教育课程改革的目的也是培养卓越的幼儿教育者。教师教育课程改革，要注意把培养师范生社会主义核心价值观融入课程，要引导师范生树立正确的学生观、教师观以及教育观。实践取向和终身学习理念前面已经论述，这里不再赘述。总之，教师教育课程改革要突出育人为本的教育理念，以实践为重要导向，满足学生终身发展的需要。

（二）满足卓越教师培养课程内容要求

卓越教师培养计划在内容方面给卓越教师职前培养课程改革明确了要求。一是要求卓越教师职前培养要注重师德养成教育。师德教育不仅仅是课堂上的理论教育，更应该重视师德的养成教育。师范生师德养成的基本内涵要求师范生应具备基本的公民道德、应具备教师职业道德、应具备较高的专业素养、应具备高尚的心理品质。这四个方面内容体现为由低到高的层次，四者相互关联。师德教育重在"养成"二字，不仅学习理论知识，更应该进行实践操作，做到知行合一。二是注重培养师范生全面素养、专长发展。三是丰富实践课程。对教师教育课程改革来说，就是建立健全贯穿培养全程的实践教学体系，确保实践教学前后衔接、阶梯递进，实践教学与理论教学有机结合、相互促进。加强高校与幼儿园的联系，实行高校教师与幼儿教师共同指导的"双导师"制，为师范生提供全方位、及时有效的实践指导。四是重视师范生基本技能和创新能力培养。创新是一个民族进步的灵魂，也是国家兴旺发达的不竭动力，创新性人才的培养，必须由具有创新能力的教师来完成。教师教育课程改革，就需要增设相关技能课程，需要进行师范生创新能力的培养。

二、卓越教师职前培养课程改革任务

（一）弥补现行教师教育课程的不足，提升教师教育质量

多年来，在人们强调提高师范生未来从教素质的时候，人们总把改革的目光集中在高师课程体系的三大组成板块上，即普通公共类课程、学科专业类课程和教育类课程，尤其是把希望寄托在公共教育学和心理学课程的改革上。教育类课程作为高师院校课程的重要组成部分，其目的是使师范生确立热爱教育事业的专业思想，树立正确的教育观念，掌握教育教学的基本规律及其技能、技巧，形成基本的教育教学能力。显然，这些课程目标的设定，反映了从事教师这项职业所必须具备的专业理论知识和专业技能方面的要求。多年来，高师院校都曾对公共教育学、心理学进行了多次改革，重新编写的教材不下百种，在教学方法上也进行了种种有益的尝试。但从总体上看，改革的成效不大，教师厌教、学生厌学的现象依然存在，公共教育学和心理学，甚至整个教育类课程在培养未来师资方面的作用没有得到切实的发挥，这已成为高师院校改革的一个难题。

从目前来看，教师教育课程体系存在的问题，即长期困扰师范院校师范生实践

教育的一些根本问题仍未得到很好解决，教育实习经费不足、实习基地不稳定、实习模式单一、组织管理松散等现象依然不同程度存在；课程内容陈旧，对教育学科的发展和基础教育的需要没能及时反映和吸收，教师教育课程实施者长期脱离幼儿教育，对基础教育缺乏最基本的认知，基础教育实践教学经验匮乏令人担忧。

（二）应对新课程改革对教师专业素质提出的挑战

从根本上说，基础教育课程改革的动因是社会环境变化，知识以人们无法想象的速度在增加和更新，要求学生具备学习的愿望、兴趣和方法，比记住一些知识更为重要。所以真正对学生负责的教育，应当是能够促进他们全面、自主、有个性地发展，这种教育对幼儿教师专业素质提出了较高的要求。一是更新教育理念。以生为本，尊重学生人格，关注学生的个性发展，更新教学方法，改变教学评价，培养全面发展的、综合素质强的创新型人才，树立起全新的"学生观""教学观""质量观""评价观"。二是教师角色定位。教师不仅是知识的传授者，而且应是知识学习的引导者，帮助学生学会学习、学会思考、学会创新，要善于发现和挖掘学生发展的潜能。三是教师知识结构。要求教师要有终身学习的意识，要不断了解新事物、学习新知识，不断更新和拓宽自己的知识结构。四是教学手段和方法。现代信息技术的发展，要求教师必须掌握现代化的教育教学手段，调动学生利用多种感官进行学习。教师还要改革教学方法，激发学生学习兴趣，变"要我学"为"我要学"，把"灌输式"变成"启发式"，引导学生求新求异，培养学生的创新创造能力。基础教育课程改革对教师的种种专业素质要求，促使高师院校教师教育培养目标要改革，课程体系和课程内容必须随之改革。

（三）实现职前教育与职后培训一体化教师培养模式

多年来，教师职前教育与职后培训相分离状态，使得培养新教师的师范院校不能及时获得教师上岗后的信息反馈，客观上造成教师职前培养中教学内容、教学技能学习与基础教育实际相脱节的现象。职前教育与职后培训的一体化，不仅符合终身教育与学习社会化的要求，最重要的是更能充分发挥高等师范院校在师资培训中的优势和潜力，通过联合、合并、合作办学等形式加强职前培养与职后培训的联系。合理配置有限的教育资源，由师范学院统帅各师资培养、培训机构，使教师的职前培养与在职培训工作有机地结合起来，真正成为师范教育不可分割的统一体，结束人为的分割局面。使师范教育转向以提高质量、优化结构、提高效益为核心的改革发展新阶段，把教师的培养与培训结合起来，走向一体化发展的道路。

教师职前教育是指师范院校对师范生进行的职业准备性教育。教师职后培训是指师范院校对已经走上教育教学岗位的教师进行的提高性教育。从性质上看，教师职前教育属于师范教育体系内部的基础性教育，它追求全面提高师范生的素质，追求为师范生各方面素质的发展奠定良好的基础，追求"慢工出细活"的潜移默化，侧重于向师范生传授科学文化知识，帮助其对教育教学技能做一般性的了解，形成初步的教育能力。教师职后培训则属于再造性、补缺性和更新性的教育，它要帮助教师更新知识和技术，了解教育教学改革的最新趋势。职后培训以职前培养为前提，在职前培养的基础之上完成其特有的任务；职前培养以职后培训为补充，最后完成的任务由职后培训来承担。教师职前教育与职后培训一体化，实质是要构建教师的终身教育体系，使职前教育和职后培训有机衔接，克服各自封闭、相对独立的倾向，实现优势互补和资源共享。教师职前教育和职后培训工作一体化的前提是教师职前培养和职后培训课程的一体化，教师教育课程一体化的实质是使课程设置合理、衔接紧密，构成一种合理、完整、统一且有个性的课程体系，满足教师终身教育全过程的需要。

（四）重构师范专业教育类课程

针对目前教育类课程存在的弊端，进行改革和重构教师教育课程，也是教师教育课程改革的一大任务。我国现行师范专业教育类课程在结构及内容方面都存在一些问题，这些问题主要集中在以下几个方面。一是课程门类少、学时少，使教育类课程在"厚望"与"薄待"的矛盾中苦苦挣扎，难有作为。二是在课程内容上重理论、轻应用，教育实践的机会短暂，致使学生缺乏基本的教师职业技能和对幼儿教育教学各方面工作的切身体验。三是课程内容陈旧、僵化，没能对最新教育研究成果和基础教育改革动态及时反映，缺乏时代感和针对性。四是课程内容有重叠现象，如在教育学和学科教材教法之间有重复，没能对丰富的课程资源加以有效地提炼和使用等。

要想从根本上克服师范专业教育类课程中所存在的种种弊端，保证师范生从教素质得到全面培养，增强其在未来教师人才市场中的竞争力，必须从满足和提升教师专业化水平的角度来审视教育类课程的建设，对教育类课程组成要素间的内在联系及功能进行全面系统的研究，既保持教育学科知识自身的内在逻辑关系和系统完整性，又强调课程设置的整体优化。要坚决删除那些重复空泛、落后于时代的旧内容，渗透、融入代表先进教育理念和最新研究成果的新内容，以体现鲜明的时代特色。同时，要根据基础教育工作实际需要来选择和安排教学内容，以加强课程在未来教育实践中的实际应用价值，激发学生的学习热情。

第五节　卓越教师职前培养课程改革思考及建议

一、课程改革立足现实状况

我国卓越教师培养及课程设置的发展还处于起步阶段，许多问题都在不断改革和发展变化中，根据当前卓越教师政策导向，借鉴国际经验，在传承历史模式以及把握现实需要的基础上进一步优化。

（一）改革基本的教师教育课程

基本的教师教育课程包括通识课程、学科专业课程、教育类课程和教育实践课程。根据我国《教师教育课程标准》，教师教育课程要立足我国现实进行改革。一是改革通识课程。目前我国高等师范专业的通识课程，主要包括以大学英语、计算机为主的工具课程和以"两课"为主的德育类课程。这类课程不仅门类少，在总课程中的比例较小，而且内容偏重工具学科和政治学科，缺乏人文性，尤其是综合性课程更少，无法适应当前幼儿课程日益综合化的要求。所以，教师教育通识课程改革应该做到以下几点。一是增加通识课程的分量，扩大其在总课程中的比例；调整课程设置，加强综合性课程的建设。二是改革学科专业课程。多年来我国师范教育的专业课程设置情况是：学科专业在整个课程中所占的比重过大；学科专业课程分化过细，门类太多，存在着严重的学科本位；课程设置过于注重学科知识的纵深发展，忽视学科之间的内在联系，容易导致一部分师范生综合能力较差。因此，教师教育学科专业课程的改革需要：调整课程结构；调整学科内部专业课程，整合课程内容，增加综合课程的比例；设置专业的主副修制或跨专业开设选修课程，培养复合型教师。三是改革教育类课程。长期以来，我国教师教育的教育类课程一直占比很小，仅占整个课程比例的6%左右。由于教育类课程门类少，整个课程结构中的比例过小，严重制约了我国教师专业化发展。因此，增设教育类的课程不仅是我国教师教育改革的需要，也是世界教师教育发展的趋势。四是改革教育实践课程。改革幼儿教师教育课程，就是重视实践课程的设置，加大实践课程的比重。采用分散和集中相结合、见习和实习相结合、校内和校外相结合、模拟和实践相结合等多种形式的实践教学。

（二）符合教师教育课程改革的新要求

根据基础教育新课程改革和教师专业化的要求，教师教育课程改革除了进行基本的课程改革外，还对教师教育的课程改革提出了新的要求。新要求主要表现在：一是注重实践课程开发，加强教育实习，实现知识的整合。实践性课程是为了培养学生实践性或应用性知识和能力的课程，它并非以训练动作技能为任务的课程，而是一种以发展人的实践智慧、形成人的实践能力为任务的课程。教育是一种实践的艺术、实践的智慧和实践的能力，是教师应具有最重要的素质。职前教师培养的理论教学主要是以传授教师所需理论性知识为主，单纯依靠理论教学不可能培养出具有实践能力的卓越师资。因此，职前教师培养应注重开发实践性课程，培养能够解决教育实际问题的、具有实践智慧和能力的教师。二是加强教育实习环节。实践性知识的获得离不开实践环节。教师教育过程中实践性知识的获得有赖于教育实习的帮助。因此，对教师教育课程改革也必然要求对教育实习的时间、形式、内容、方法等进行全面的改革。如增加实践性环节在整个教育体系中的比重，将集中式的、阶段性的教育实习拓展和延长为分散式的，甚至是全程式的。改变见习加讲课的单一形式，采取以教学实习、行政实习、管理实习等全方位、多形式的实践内容，同时要注重内容安排的灵活性及与学生自身和幼儿园教育实际的紧密联系。三是合理安排理论教学和实践教学。理论教学和实践教学是教师教育课程的两大基本形式，在培训教师方面二者缺一不可，即理论离不开实践，实践也离不开理论。因此，在加强教师实践性知识课程设置的同时，应充分利用理论课程和实践课程的各自优势，将二者在课程设计和实施中有机结合起来，既发挥理论课程在传授基本知识和技能方面的优势，又兼有实践课程在开阔学生学术视野，形成实践能力、道德品质和综合素质方面的优势。

（三）注重培养学生反思性教学的能力

教师专业化问题是教师教育的核心问题，是教师教育改革的出发点和归宿。研究表明，"实践——反思"是实现教师专业化的最佳路径，因此，把教师培养成反思型教师就是教师专业化的核心和关键。反思型教师不仅要具有专业性教师所具有的专门学科知识和技能，还应具有深厚的教育理论修养、广阔的教育视野、敏感的问题意识、过硬的科研能力，反思型教师教育是当前教师教育改革的国际潮流。反思型教师的职前培养具有一定的可行性。国内外的教育研究证明，职前教师已经具备反思的潜能和倾向，如果加以教育，反思性是可以在职前教师身上得到发展的。

职前教师反思的内容主要是他们原有的教育观念和个人实践。在反思的途径方面，可通过职前教师的自我反思、与同学的交流以及理论学习的方式进行。我国反思型教师职前培养需注意以下几个问题：一是强化职前教师的自我专业发展意识、主体意识和反思意识；二是合理设计教育类课程，树立师范生教学反思的理念；三是加强职前教师实践知识的积累与获得；四是注重职前教师反思人格的塑造与培养。

二、卓越教师职前培养课程改革实施建议

（一）理解卓越教师培养要求，合理设置培养目标

培养目标是一所学校人才培养的定位和规格要求。教师教育的培养目标决定着教师培养的质量和方向。培养目标的定位对整个课程体系的建设、实施以及评价都具有引领性的作用。一个布局合理性的培养目标，对于课程设置来说就如同有了明确方向的船只，勇往直前，直至达到目标的彼岸。

1. 合理科学地进行培养定位

培养定位建立在深刻理解卓越教师内涵的基础上，"卓越性"是卓越教师人才培养的基本点。所谓卓越教师，就是指具有高尚的道德素养、明确的价值取向、熟练的教学能力、科学的组织管理能力和专业发展能力的优秀教师。卓越教师人才培养目标的清晰表述，给课程设置提供规范性指导。高校教师教育在培养理念上要把握卓越教师培养的标准，遵循师德为先、学生为本，重视知识和能力培养，培养学生终身学习和自主发展意识，以践行师德、学会教学、学会育人、学会发展的高素质专业化创新型卓越教师为目标，以专业实践能力的培养为主线，将专业理论教育与专业技能训练有机结合，教育理论与教育实践有机结合，体现出高师院校教师教育人才培养的师范性及创造性。遵从卓越教师专业成长路径，保证教师教育专业人才培养质量，推动卓越教师培养进程。

2. 细化培养目标要求

培养目标是总方针，在宏观、精练的描述中构建卓越幼儿教师的培养蓝图。而培养目标要求则是培养目标的详细说明，是课程目标、课程内容、课程结构、课程实施的行动准则，是师范生是否保质保量推出的重要标准。卓越教师培养目标要求涉及卓越教师本身的内在素养要求。卓越教师既然卓越，自然要优于普通教师素养，细化培养目标要求的过程中要注意以下几点。一是卓越教师的责任意识。卓越教师的责任意识包含着对教育事业的认同、信念与热情，包含着对教育终极价值的

理性认识与积极的肯定。二是卓越教师的创新精神。教育需要一种生生之意的活力，这就需要卓越教师具有一种创造力，一种创造精神。三是卓越教师专业素养。卓越教师应具备的素养和能力可概括为：师德师风高尚、教育信念坚定、文化底蕴深厚、知识结构合理、教育思想先进、教学技能娴熟、实践反思敏锐、专业发展自主、创新能力较强九个方面。卓越教师的培养目标可从这些方面进行规约，凸显"卓越"的要求。四是卓越教师的实践能力。实践能力包括基本实践能力和专业实践能力，基本实践能力是指作为教师必备的实践教学能力，如语言表达能力、信息化运用能力、教学工作能力等；专业实践能力是指学科教学中所具备的专业教学技能。实践能力使卓越教师的卓越性展现在教育实践之中，最终呈现为一种教育活动的卓越特征。

（二）设置合理的教师教育课程结构

1. 规范课程设置，设置合理课程模块

科学划分模块是调整课程结构的首要环节，是提高课程结构科学性的关键。科学性即指以国家政策为依据，以现实为准则，借鉴实践经验进行规划。科学划分模块使其具备逻辑性和统一性是培养卓越教师课程设置的当务之急。课程模块可以划分为理论课程、实践课程以及毕业论文三大块。其中，理论课程再细分为通识教育类课程、专业基础课程、专业方向课程三块。通识教育类课程包括思想政治理论、大学英语、计算机科学、体育、创新创业教育等课程；专业基础课程包括心理学类、教育学类、教育史、现代教育技术等课程；专业方向课程包括相关学科专业课程。实践课程模块包括教育见习、实习、教育考察以及其他卓越教师培养的实践特色课程；毕业论文包括学术论文、调查报告、研究报告、实验报告等研究性项目。规范师范专业课程结构，科学划分课程模块，从而有效达到课程实施水平及培养目标。

2. 合理调整课程模块配比

卓越教师培养计划不仅要求建立模块化的教师教育课程，同时要合理调整课程模块之间的相对比例。在课程结构上要满足选择性和实践性的要求。其中，"选择性"主要体现在选修课与必修课的结构安排上要合理，给学生一定的选课学习空间；"实践性"主要体现在理论课与实践课的结构安排上要合理，使实践教学达到卓越教师培养的要求。因此，高师院校师范专业的课程设置不仅要兼顾人才培养目标达成的统一性，同时要体现人才培养的多样性和学校的特色性，既要重视必修课

建设，也要重视选修课的开设。重视理论课程建设，同时更要强化实践环节开展。在注重课程统一性的同时，要注意课程的选择性；在关注专业知识掌握的同时，要强调专业能力的实践。是优化通识课程与专业课程的配比，适当增加通识课程的比例，特别是增加通识教育中对德行养成、创新能力培养、人文素养、传统文化等课程的比例；二是优化必修课程与选修课程的配比，适当提高选修课程比例，推出跨校、跨学科的选修课程，为师范生自主选择和发展提供足够空间；三是优化理论课程与实践课程的配比，适当增加实践课程的比重，强化实践效用，达到实现课程的协调均衡发展的目的。

（三）强化教师教育课程实践性环节

实践知识是教师知识的核心，教师的实践知识是教师专业发展的主要基础，教育实践是教师培养过程的重要环节，对于卓越教师培养具有非常特殊的意义，发挥着不可替代的作用。

增强实践环节不仅是要求延长实践时间，更重要的是明确实践目标、丰富实践内容、创新实践模式。明确实践目标是指实践教育始终坚持以卓越教师人才培养目标为导向，科学规划实践教育的内容、方式，注重学生自身的主体参与和体验，增强适应性。丰富实践内容是指教育实践内容以多元高质为主。多元性指由于教育见习、教育实习、教育研习等不同形式，实践的形式不同，其达到的目标就不同，所以教育实践的内容必须由表及里、由浅入深地开展，为教育教学能力的提升，为成长为卓越幼儿教师打好基础。见习、实习、实习支教等多种实践形式都可以对师范生的发展起到一定的助推作用，创新高效的教育实践模式是卓越教师培养的必经之路。为保证实践的连贯性与适应性，高校应做好四年的教育实践教学规划，将不同形式实践教学交叉开展，将教育实践与社会实践、科研实践有机结合，拓展教育实践的类型，达到实践教学的最佳效果。基于卓越教师培养计划的目标，要想在教育见习和实习中巩固师范生的专业理论基础，丰富职前实践经验，就要充分发挥校内外优势资源，开展形式多样、内容丰富的实践活动。

建立"三位一体"的协同培养机制。"三位一体"是指高校、地方教育行政部门和幼儿园。在"三位一体"的合作模式中，高校为地方政府和教育行政部门制定教育政策提供理论依据，为幼儿园的教育教学实践提供方向指引；地方政府和教育行政部门则为高校和幼儿园的教育实践提供经费支持和政策保障；幼儿园实践基地则发挥着提供师资指导、实践平台和实践环境等作用。三方各司其职，共同建设教育实践基地，形成协同育人的长效机制。高校的教育见习和教育实习是师范生走出高校、进入课堂、进行教学技能训练与教学行为养成的必要环节，充足而有特色的实习基地是教育实践活动顺利进行的保障。高校要打破原有教师教育格局，建立高校、地方教育行政部门与幼儿园协同培养机制，构建卓越教师发展共同体。高校只有实行"三位一体"的教育实践模式，才能确保实践教学规范化。因为师范生的实践技能不是一蹴而就的，实践教学能力需要在实践教学中经历观察、参与实践的过程来培养和提升。实践教学时间需要加以延伸，实践技能的提高需要"双师型"教师的指导。只有这样才能真正改变师范生实践技能薄弱的现状，为卓越教师培养奠定良好的实践基础。

第三章 幼儿教师职后专业成长的动力因素

第一节 幼儿教师专业成长动力的幼儿园因素

如果把幼儿教师的专业成长动力比喻成推动大树成长的力量系统，幼儿教师专业成长动力的外部影响因素是大树生长所在区域环境的水、温度、土壤和阳光等。树苗纵然有成长为大树的基因和潜力，但是如果没有适宜外部条件的支持，潜力将难以变为现实。幼儿园管理和人际交往氛围是影响幼儿教师专业成长动力的重要幼儿园因素。

一、幼儿园管理

（一）幼儿园管理的内涵及价值

幼儿园以团队的形式存在，正常运转离不开管理。广义的幼儿园管理是主管幼儿教育政府部门的管理人员和幼儿园内部管理人员，遵循一定的教育方针和保教工作的客观规律，采用科学的工作方式和管理手段，将人、财、物等各因素合理组织起来，调动各方面的积极性，优质高效地实现国家所规定的培养目标和工作任务所进行的各种一般职能活动。狭义的幼儿园管理是幼儿园内部的管理，即幼儿园内部管理者按照国家教育方针和政策法规的要求，遵循幼儿身心发展的规律，通过履行计划、组织、领导、控制和创新等职能，对幼儿园里的人、财、物、时间、空间、信息等资源进行科学的组织和合理的调配，充分调动各方面的积极性，不断提高保教工作质量，促进幼儿健康成长的活动过程。

幼儿园管理是用科学的管理方式，对影响幼儿园运行的各种要素进行合理组织和调配，关键是调动幼儿教师的积极性与主动性，目的在于人的成长和保教质量的提升。人的成长不仅是幼儿的成长，幼儿的成长依赖幼儿教师的成长。幼儿园如何为人的成长创设适宜的环境，调动人的积极性与主动性是管理的核心。

（二）幼儿园管理模式与幼儿教师专业成长动力

所谓幼儿园管理模式是管理者在幼儿园管理中呈现出来的样态。当前我国幼儿园管理实行园长负责制，《幼儿园工作规程》和《幼儿园管理条例》明确规定由园长全面负责幼儿园保教管理和行政管理，教职工参与民主管理，非行政组织进行监督。因此，幼儿园园长的管理理念和管理能力在幼儿园管理模式的形成过程中起着主导作用。当前我国幼儿园内部管理呈现出两种典型的模式，即以人为本的民主型管理和以权为本的权威型管理。

以人为本的民主型幼儿园管理模式以人性本善为前提假设，关注、关怀和支持人的成长，尊重每个人的价值，公平、公正的对待他人。幼儿园管理者能够正确认知自己在团体中的角色和定位，将自己定位为幼儿教师开展保教活动的服务者、支持者和合作者，而非高高在上的主宰者和控制者。注重为幼儿教师的学习和专业成长提供时间、空间、政策和资金等方面的支持，为幼儿教师的价值实现提供平台和机会。

以人为本的民主型幼儿园管理模式在重视幼儿教师个体学习的同时，还注重幼儿园团队的学习，为幼儿教师学习搭建共同体。视幼儿园管理为所有幼儿园团队成员共同参与的事情，吸引和调动每个人参与幼儿园管理。具有海纳百川的胸怀，允许并接受不同观点的存在，尊重、正视和理解团队成员的观点、想法。并在尊重个人想法的基础上，引导全体成员形成共同愿景，鼓励成员自动承诺或加入共同愿景。幼儿园管理具有浓厚的人文关怀，能够真诚地理解和关心每位成员。

幼儿园管理的"法宝"有：第一，真诚。真诚地对待每个教师，包括幼儿园临聘教师、保安和炊事员。核心是给予他人发自内心的尊重、认同和欣赏。第二，公平。把公平、公正作为解决矛盾、冲突和问题的首要原则。第三，人文关怀。能够设身处地的理解团队成员处境，并给予发自内心的关心。特别注重在细节处对"处境不利"的团队成员进行关注、关心和尊重。第四，建立团队共同愿景，注重团队的凝聚力和团队成员归属感和幸福感的获得。这样的管理理念和模式让整个幼儿园团队形成了强大的凝聚力和明确的共同愿景。激发出团队成员的奉献精神、专业学习和专业成长动机。第五，率先垂范。要求团队做到的，自己以高于对他人的要求率先做到。为团队成员树立榜样，用自己的真行动、真尊重和真关怀影响团队成员，形成良好的文化氛围。

以权为本的权威型幼儿园管理将团队成员作为控制和支配的对象，认为团队成员如不被控制就无法顺利完成本职工作和既定目标，对团队成员的信任度较低。幼儿园的政策和决策由核心领导层尤其是园长决定，团队成员只能服从并执行。较少听取或只是象征性听取团队成员的意见，未真正尊重和理解团队成员的想法和观点。难以容许不同观点的存在，习惯以自己的观点代替团队成员的观点，作为团队共同的观点。习惯性防卫较为严重，且难以被自己所觉察，倾向于以职权管人，缺少温度。管理者将自己定位为高于团队其他成员，有权力决定利益和资源分配的主宰者，而非平等的合作者、服务者和支持者。较难公平、公正地对待每位团队成员，团队成员的个人价值难以获得应有的尊重，管理者的价值成为整个团队的价值。管理者的自主权过大，导致团队成员个人的自主权严重受限。

以权为本的权威型幼儿园管理下的幼儿教师团队有一定的目标，但是难以形成共同愿景。教师个人只是尽力完成本职工作，不会有更多付出，更难以产生奉献精神和行为。纵使团队内个体成员的专业基础较好，但难以形成团队凝聚力，难以创造共同愿景和现实之间的张力。整个团队只能维持正常运转，而难以突破和创新。幼儿教师个人和幼儿园团队处于封闭的状态，束缚个人与团队的学习和成长。"强权就是公理"是一条自我毁灭的道路，对生命中的事物施加干预意味着同时伤害他们和自己，突出自己的人拥有微小且显著的力量，不突出自己的人拥有强大且神秘的力量。

幼儿园管理者习惯于以指令、命令、指派、检查和监督的形式进行管理。幼儿教师缺少自主权，只能不情愿地服从，表面服从的结果是内心深处的深度排斥，被动完成自己分内的工作，缺少工作热情。最明显的表现就是幼儿教师将工作与自己的业余生活完全分开，绝不会让工作影响业余生活。在工作中无法实现自我价值，只能在业余生活中找寻自我价值，放飞自我。结果是在逃避工作现实的同时个人专业愿景也在逐渐消失，失去学习和专业成长的动力，陷入现实困境无法自拔。

二、幼儿园人际关系

（一）幼儿园人际关系的内涵及价值

人具有社会性，交往的需要是人的社会性需要的重要组成部分。幼儿园是幼儿教师专业成长的生态圈，幼儿教师与生态圈内其他人的人际关系对其专业成长动力起着重要的影响。所谓幼儿园人际关系是指幼儿园内部人员，包括幼儿教师、管理人员、幼儿园后勤服务人员（保安、伙房工作人员、保洁等）等在沟通和交往中所建立起来的直接的心理上的联系。以人为本的民主型管理理念与模式有助于形成真诚、民主、开放、尊重、和谐和轻松的人际交往氛围，助力幼儿教师个人和团队学习，为幼儿教师个人和团队的成长提供适宜的环境。良好的人际关系也会助力幼儿园实行以人为本的民主型管理。研究发现，幼儿教师非常看重与同事之间的人际关系，人际关系不和谐是导致专业成长动力不足的主要原因。

良好的人际关系能够打开幼儿园团队成员的心扉，出现信任、理解与共情、真诚的合作与帮助、真诚和一致，团队成员有归属感和凝聚力，能够助力幼儿教师学习和专业成长，团队成员之间的关系相互依赖大于竞争。相反，僵硬的人际关系，将会使幼儿园团队成员的内心大门封闭，出现强烈的惯性防卫心理，出现冷漠、不信任、矛盾重重和互相猜忌，难以进行合作。团队成员难以形成归属感和荣誉感，团队凝聚力较低，处于松散状态，团队成员之间竞争关系大于依赖关系，最终结果是束缚和阻碍幼儿教师的专业成长动力。

（二）有益幼儿教师专业成长动力提升的人际关系特征

有助于幼儿教师学习和专业成长动力的人际关系尽管不尽相同，但具有一些普遍性的共同特征。主要有以下几个：其一，真诚透明。所谓真诚透明是指幼儿园团队成员的言行与内心高度一致，个人所说和所做的是内心情感体验的表达。所谓透明是指团队成员的内心大门处于打开状态，个人的思想和观点都可以在团队内流动，自由进出每个人的内心。其二，无条件接纳每个成员。有助于专业成长的团队，能够欣赏和接纳每个人，不仅能接纳每个人的优点，还能接纳每个人的不足，允许每个人有自己的个人愿景。其三，倾听和移情性理解。这里的倾听和移情性理解是指别人的观点能够进入自己的心，能够与别人产生共鸣。自己可以不赞成别人的观点，但通过倾听能够理解别人的观点。而非表面好像在听，实际习惯性的防卫心理坚不可摧，别人观点完全无法进入自己的内心。当别人遇到困境或者出现过失时，首先是站在当事人的角度理解其过失，而非一味地指责和批评。其四，有共同愿景。团队越是允许和接纳个人价值和个人愿景，个人就越能接纳别人，共同的愿景才可能形成。不接纳和尊重个人的团队，不可能形成超越个人愿景的共同愿景。共同愿景是团队成员发自内心对理想境界的追求，它促使团队内每个成员充分发挥个人优势，共同致力于实现大家的愿景，让团队成员成为相互依赖的合作者，而非相互嫉妒的竞争者。

当人们得到移情式的倾听时，他们能更准确地聆听丰富的内在体验。当一个人理解与重视自己，自我与其体验更加一致，个体由此变得更真实与真诚。这些倾向会使个体成为促进自我成长的有效强化者。他们将会更自主地成为真正的人、完整的人。总之，真诚、一致、透明、开放、接纳、理解和有共同愿景的人际交往氛围会让幼儿园团体和幼儿教师个人的生命由刻板走向灵活，由静止走向流动，由被动依赖走向主动自主，由惯性自我防卫走向接纳，由现实状态走向理想状态。

（三）阻碍幼儿教师专业成长动力的人际关系特征

幼儿园不适宜的人际关系将阻碍幼儿教师的专业成长，改变幼儿园团队和成员正向的成长轨迹。以人为本的民主型管理模式有助于形成促进幼儿教师专业成长动力提升的人际关系。而以权为本的权威型管理将会形成封闭、僵化、呆板和紧张人际关系，阻碍幼儿教师的专业成长动力。明确阻碍幼儿教师专业成长动力的人际关系特征是破解问题的首要条件，明确特征相当于正视和理解人际关系的现实状态，如能在此基础上形成共同愿景，在共同愿景的引领下，僵化、封闭和呆板的人际关系才可能向灵活和开放的方向变化。

阻碍幼儿教师专业成长动力的人际关系具有如下特征：第一，封闭。团队内绝大多数成员的自我价值无法获得应有的尊重和实现，权力集中在少数人手中。团队成员逐渐隐藏自己内心的情感体验，外部表现出顺从的言行，但内心充满不满和排斥。个人内心被封闭起来，导致团队成员之间无法坦诚相待，习惯性防卫大于真诚接纳。内心的封闭会导致两个方面的后果：一方面，导致自己内部情感无法释放，其结果是压抑的情绪逐渐堆积，最终出现职业倦怠。另一方面，导致外部信息无法进入自己的内心。内部释放和外部进入的过程就是学习与交流的过程。外部信息被排斥在外的结果就是学习通道被堵塞，专业成长之门被封闭。第二，无法形成共同愿景。幼儿园团体成员的个人价值、想法和观念无法获得尊重，导致无法形成团队共同愿景。基于个人愿景而又超越个人愿景的共同愿景是幼儿园团队全体成员的承诺和发自内心的追求，它能整合团队内所有成员的力量和优势，汇聚人心和力量，激发团队成员的热情和奉献精神，为了实现大家内心深处的愿景而倾注全部力量，可以最大程度地减少消耗。阻碍幼儿教师专业成长动力的人际关系中只有任务和短期的目标，团队成员只会被动完成任务和目标，缺少热情、激情和奉献。

第二节　幼儿教师专业成长动力的个体内部因素

影响幼儿教师专业成长动力的个体内部因素包括幼儿教师的生命理解、教育与职业信仰、专业成长需要和专业成长动机等。生命理解决定教育与职业信仰，教育与职业信仰决定专业成长需要，专业成长需要决定专业成长动机。

一、幼儿教师的生命理解

（一）幼儿教师的生命价值观

调查发现幼儿教师的信仰、需要、动机与专业成长成动力相关，这三种因素背后还有一个深层次的生命理解，它们共同构成幼儿教师专业成长的内部动力。生命观是人对生命的看法、态度和理解。人之谜是宇宙之谜的核心，而生命之谜又是人之谜的中心。在马克思理论体系中关于人的理论认为生命观是个体或群体对人的生命本质的认识，是对生命本质、生命过程、生命价值、生命意义和生命归宿等问题的理解。

马克思立足于人生活的社会实践，理解人的生命，认为人的生命是在生命实践中展开自身并领悟和通达自身"存在"的存在者。人的生命生存是人在生活实践活动中自觉展开的感性对象性活动，而非抽象的实体。人不仅有生物性的自然属性，而且人具有源自内部的价值需要和追求。特质就在于人是自由的和有意识的生命活动，在现实性上是一切社会关系的总和。幼儿教师的专业成长动力与其教育生活中的他人所构成的社会关系的性质密切相关。

生命观是中国文化的重要组成部分，主要贯穿在道家文化和儒家文化中。道家文化中蕴藏着丰富的生命智慧，重生乐死、生死俱善。老子和庄子是道家思想的最具代表性的人物。他们将对人的生命的理解放置到整个宇宙天地和自然中，而不仅限于人类社会中。老子主张，天地万物之生的总原理是道。人的生命生成有自然之道，那生命的运行也要尊重自然之道。老子既重视人的肉体生命，也重视人的精神生命，主张在自然中将人的精神生命与肉体生命合二为一。庄子将生命完全融化于天地自然之间，生命由天地所造，在天地中运行，复归天地自然。他希望人可以超越肉体生命和社会文化生命，解救被困于现实生活中的生命。

儒家文化生命观贵生慎死，将对死的恐惧和逃避转化为对生的追求。孔子在《论语·先进》中说"未能事人，焉能事鬼""未知生，焉知死"。在《论语·雍也》中指出"务民之义，敬鬼神而远之，可谓知矣"，主张敬鬼神而远之。儒家尤其注重孝道，并将孝与生命的延续合并在一起，主张不孝有三无后为大。中国古代的重丧葬与祭祀文化也是儒家期望将生死连接起来的表现。孔子也主张顺应天命，乐天知命。子曰"不怨天，不尤人；下学而上达。知我者其天乎"。子曰"君子有三畏：畏天命，畏大人，畏圣人之言"。与道家生命观将人的生命放置于整个天地自然中进行理解不同,儒家将人的生命放置到人类群体的社会文化生活中,追求礼仪。儒家生命观认为,人之真性情的自由流露必须合礼仪规定,德是生命中最重要的内容,当物质生命与仁、义、礼等德的要求冲突时,主张舍物质生命而成全德性。肉体生命只是精神生命的存在形式,生命的本质是精神生命或社会道德生命。因此,主张用仁、义、礼等德性追求超越死亡,实现永生。对于人性,孔子主张"性相近,习相远",其人性观为人通过学习提升人性、发展人性提供了无限的空间。

(二) 生命理解在幼儿教师专业成长动力系统中的定位与价值

生命观是世界观的有机构成部分,幼儿教师对生命的理解在其专业成长的动力系统中处于最深层次,在幼儿教师专业成长动力系统中直接决定着幼儿教师的信仰。观念虽然不等于行动,但正确的观念是正确行为的前提条件。幼儿教师作为生命的主体,对生命的理解影响价值观、儿童观、教师观和教育观,影响专业成长与工作的积极性与主动性,进而影响幼儿教师的教育行为。幼儿教师如果仅仅从生物学的角度理解生命,往往会认为人是动物的一种,将生命看成是物质的或肉体的。生命的历程就是从身体的出生到身体的死亡,最长不过一百多年。这种纯物质的生命观极易导致幼儿教师陷入过度的物质追求,而缺少精神追求。纯物质的生命观主要表现为以工资收入、身体享受、物质工作环境和社会地位作为自己从事幼儿教育的主要追求。当这些外部物质追求无法满足时,幼儿教师就会出现消极情绪和职业倦怠。在工作中表现出过强的自我中心,移情能力较差,较难站在幼儿、家长和同事的角度思考问题,较难出现基于生命关怀的发自内心的爱和奉献,导致人际关系陷入僵硬状态。具有这种生命理解的幼儿教师面临当前我国幼儿教育事业发展中普遍表现出的社会要求明显提升,工资收入相对较低,工作内容繁杂且量大,工作对象具有幼稚性和复杂性等现实问题时,就会出现内部需求与外部现实无法满足的矛盾,使专业成长的动力受阻。

如果幼儿教师侧重从精神维度理解生命,会倾向于认为精神生命而非物质生命是人的生命本质。人作为高级动物与其他动物的区别就在于人是具有精神属性的,生命追求应以精神追求为主。当精神与物质发生矛盾时,重精神而轻物质。这种生命理解取向的幼儿教师在工作中追求精神的满足,面对专业成长和工作中遇到的问题有坚韧不拔的精神。具有一定的教育信仰和职业信仰,职业道德感较强,有较强的责任心和使命感。职业成就感较强的幼儿教师,当遇到相对宽松的工作氛围和外部积极评价时专业成长的积极性与主动性较强;而遭遇不适宜的环境时,则容易走向自我封闭，出现适应困难。

如果幼儿教师侧重从基于积极生命定向的自我实现视角理解生命，就会正视和理解生命的差异，信任、尊重自我生命和他人生命，能较好地处理物质生命和精神生命的关系。这种生命理解取向的幼儿教师较容易形成自我定位和自我价值的正确认知，适应能力较强，能在有限的环境中积极主动地寻求自我价值的实现，具有适度的责任感和使命感，较易以积极、主动的态度投入到专业成长和工作中。遇到专业成长瓶颈和工作困境等不良环境时，不容易陷入迷茫和沉浸在消极情绪中，在内部需要与外部环境产生失衡时，能积极寻求平衡的出现。同时，由于对每个幼儿、同事、家长的生命价值给予充分的理解、信任和尊重，这样的幼儿教师会在争取自身生命价值实现的同时，为他人生命价值的实现提供力所能及的支持与帮助。具有这种生命理解的幼儿教师较容易形成和谐的人际氛围，内部自我呈现开放的状态，能够将生命价值实现与专业价值实现有机融合，其专业成长动力带有持续性，容易丰盈。

（三）幼儿教师通过学习形成并完善生命理解

个体的生命理解不是先天的，而是后天逐渐形成并变化的，其过程受个体生命所在生态圈的自然环境、历史、文化、政治、经济和教育等影响。个体是在具体的生活场景中通过不断学习来建构生命理解。幼儿教师所从事的幼儿教育工作是一个为了释放、提升和成全生命，在生命过程中展开的职业，对幼儿教师的生命理解具有很高的要求。自在地学习是幼儿教师和其他职业人群一样受历史、文化、政治、经济的影响潜移默化，自然形成的生命理解。

学习是幼儿教师为满足幼儿教育职业要求，主动将外部社会要求内化为自我专业成长理想，正确认知自己当下专业状态与理想专业状态的差距，主动寻求从当下状态向理想状态成长而进行的学习。从历时维度上看，教育本身就是个体和人类族群生命延续的过程。从空间维度上看，教育本身就是人类生命存在的方式。人类通过教育正确认知自己的生命、创造生命、完善与提升生命。幼儿教育是教育的奠基部分，幼儿教师应基于整个人类学的视野理解、学习教育学学科理论和开展幼儿教育活动。

幼儿教师自为的学习有两条途径：第一条是通过课程和书籍阅读进行学习。幼儿教师通过《中国哲学史》《教育哲学》《马克思主义哲学》等课程或书籍的学习，汲取哲学中关于生命理解的精华，拓展生命理解的视野，以多元的视角理解生命；通过批判性、反思性和辩证性地看待各种生命理解观点，为完善和提升自己的生命理解提供哲学基础；通过《儿童哲学》《学前儿童心理学》《学前卫生学》等课程或书籍的学习基于对学前儿童身、心、灵的理解来完善和提升自己的生命理解；通过阅读学前教育家的专著来完善和提升自己的生命理解。幼儿教师阅读与幼儿教育相关的人类学、伦理学、哲学、心理学、教育学、社会学、文化学、艺术学、医学、数学等理论书籍对完善和提升生命理解具有重要价值。

然而，调查发现，当前幼儿教师对这类书籍的阅读极为欠缺，并从观念上认为这些专著抽象、晦涩、难懂，难以应用到实践中，进而产生专著理论无用的观点。这样的观点严重限制了幼儿教师从根源上认知和理解幼儿教育，同时也阻碍了幼儿教师理想幼儿教育愿景的形成，束缚了专业成长的动力。

研究发现，专业成长水平高、专业成长动力充足的幼儿教师会产生阅读专著的需要和行为，并认可阅读理论专著书籍对于专业成长的意义。

幼儿教师带着自己课程学习或书籍阅读所形成的生命观、儿童观、教师观和教育观进入幼儿教育实践的现场，在实践中利用先前积累的生命理解指导教育实践活动的开展。幼儿教师在教育实践活动中，通过与幼儿、同事、家长的交互作用，持续不断矫正、提升和完善生命理解。尤其是在与幼儿的交互作用中，幼儿教师的生命理解受到深刻影响。幼儿期的儿童具有如下特点：内部情感体验与外部言行一致，真诚开放；万物有灵论赋予花草树木、鸟兽鱼虫以人的心灵特点，可与之对话和交流；内心世界纯净，精神世界丰富，可游走于童话世界与现实世界之间。幼儿教师打开心扉、放低身段，虚心向幼儿学习可以完善和提升自己的生命理解①。专业成长水平高、专业成长动力充足的幼儿教师一大特征就是善于向幼儿学习，虚心向幼儿学习，能在与幼儿的交往中体验到幸福感和成就感。

能够在日常教学活动中看到幼儿的闪光点，虚心向幼儿学习，并反思自己的教学方法与思维模式，这正是一个幼儿教师持续成长的关键所在。总之，幼儿教师的生命理解是通过其自在和自为的学习不断完善和提升，为幼儿教师专业成长注入动力。

---

① ［东汉］许慎编著，马松源整理. 说文解字（第一册）［M］. 北京：线装书局，2014：155.

二、幼儿教师的教育与职业信仰

(一) 信仰在幼儿教师专业成长动力系统中定位与价值

信仰是人基于生命的理解所形成的把握世界的一种特殊方式，它反映人的意识特性，以观念的方式介入并指导人的实践。信仰在无形中引导并带领人的精神生活与生活实践。具体到幼儿教育和幼儿教师职业，信仰表现为幼儿教师的教育信仰和职业信仰。幼儿教师教育信仰是幼儿教师对幼儿教育活动、对幼儿和社会发展价值及其实现方式的极度信服和尊重，是幼儿教师教育思想和教育行为的基本准则，是一种超越性、统整性和教育性的力量。这种以极度信服和尊重为特征的精神追求、情感与价值认同使应然引领实然的改进并不断超越。幼儿教师的教育信仰由教育认知、教育情感和教育意志等要素构成，同时又具有认知功能、情感功能和意志功能。教育信仰是幼儿教师个人愿景和幼儿园团队共同愿景的基础和根基，愿景与现实形成一种张力，引领幼儿教师不断从当下现实状态向愿景状态成长。

幼儿教师只有带着科学且坚定的教育信仰才能充满生机地开展幼儿教育活动，没有教育信仰的幼儿教育只能是一种技术。幼儿教师的教育信仰是幼儿教师对学前儿童、学前教育本质及学前教育理想境界的深层理解与尊重，是对学前教育尊重生命、释放生命、成全生命、改造与完善人类社会和个人价值的信服与追求，是幼儿教师投身幼儿教育事业，专业持续成长和实现生命价值的不竭动力。其本体价值指向幼儿教师生命价值实现，学前儿童身、心、灵不断成长，社会相关人员学前教育认知不断完善的高度统一，指向学前教育对于人类完善的责任与使命。

幼儿教师的教育信仰影响职业信仰的形成，二者相互融合。幼儿教师是以生命完善为宗旨的职业，要求从业者具有较高的职业信仰。幼儿教师的教育理想、专业成长规划、教育态度、教育价值观和教育境界等构成其职业信仰。教育信仰的作用就在于对这些要素进行统摄和整合，为幼儿教师从事幼儿教育工作提供职业情感、职业道德和职业信念。幼儿教师的教育信仰是一种整体性的精神追求与状态，是幼儿教师在专业学习和教育实践中形成并不断提升的精神结晶，对维系幼儿教师的职业理想与追求、职业道德、职业使命和责任起着重要作用；为幼儿教师专业成长、人生价值的实现和人生境界提升提供内在动力。幼儿教师的教育信仰与专业情感有着某种程度的内在契合，可以在价值观层面上为幼儿教师持续不断成长提供意识规范。教育信仰和职业信仰是幼儿教师个人愿景和幼儿园共同愿景形成的源泉，如未形成科学的教育信仰和职业信仰也就无法形成科学的个人愿景和共同愿景。愿景与现实构成幼儿教师和幼儿园团队成长的创造性张力。

（二）幼儿教师通过学习形成并完善教育与职业信仰

幼儿教师的教育信仰与职业信仰是幼儿教师基于生命理解、科学的学前儿童认知和学前教育认知，在学前教育实践中通过不断学习而逐渐升华和完善的，不是给定的和静止不变的。在人类发展的过程中随着对教育认知的深化，形成了一些教育信仰。幼儿教师在未专门学习教育学学科和学前教育专业以前，在文化中通过有意识与无意识的学习形成对幼儿教育的初步认知，这是教育信仰和职业信仰形成的第一步。

幼儿教师在职前培养阶段，学习教育学学科和学前教育专业以后，通过《教育学原理》《教育哲学》《教育心理学》《普通心理学》《教育社会学》《教育文化学》《课程与教学论》《中外教育史》《中外学前教育史》《学前教育学》《学前心理学》《学前卫生学》《儿童哲学》《幼儿园课程论》《儿童游戏论》等课程学习，对教育和学前教育初步形成科学的认知。幼儿教师以教育学学科或学前教育专业课程所学知识为基础，通过对哲学类经典著作、教育哲学类经典著作、教育学类经典著作、学前教育类经典著作的阅读，通过不断反思与总结形成对学前教育本质、学前教育个体价值和社会价值的专业认知与理解，这是教育信仰和职业信仰形成的第二步。

幼儿教师在开展幼儿教育活动中，将教育认知、教育理想、教育情感、教育热情和教育意志等付诸实践，与幼儿、同事和家长等相关人员交互作用，在反思与理论学习中逐渐完善教育信仰和职业信仰，这是教育信仰和职业信仰形成的第三步。教育信仰和职业信仰形成和提升过程是循环往复的，教育信仰、职业信仰与学习互相影响。幼儿教师通过学习形成、修正、提升和完善教育信仰与职业信仰。反过来，教育信仰和职业信仰的形成、修正、提升和完善又促使幼儿教师萌发进一步学习的需要、动机和行为。

研究发现，专业成长动力充足的幼儿教师有较明确且坚定的教育信仰和职业信仰，在此基础上形成了明确的幼儿教育愿景和职业愿景。他们对幼儿教育和幼儿教育职业有发自内心的热爱和情怀，这种积极的情感成为幼儿教师专业成长动力的重要来源。在共同愿景的引领下，更愿意努力追求理想境界，内心较为开放，能进行系统的思考，能在自己的幼儿教育工作中体验到职业幸福感和成就感，将个人生命价值与专业价值有机融合。

三、幼儿教师的专业成长需要

（一）代表性的需要理论

《说文解字》中解释："需，须也，遇雨不进止须也。"[①] "需"具有等待的意思。"等待必有所求，延伸指索取。""用作名词指需用的东西。""要，身中也。""要，要（腰），身躯的中部。"古人以腰作为身体储藏精气之所，尤其重视腰在生命中的重要意义。同时，赋予腰精神的意义，例如"不为五斗米折腰"的风骨。延伸意指邀请；纲领、关键；将要，即将来临。《辞海》将"需要"解释为"应该有或必须有；对事物的欲望或要求"。由此可以看出，需要是人基于生命的需求，出现的欲望或索求。人作为一种生命的存在，生命过程具有一种朝向积极的、正向的定向。加之人的生命具有精神性和自由性，赋予人超越性。因此，需要是人的生命本性之一。人类在诞生和延续过程中，正是需要推动物质文化和精神文化的发展。同时，需要也推动人的物质财富和精神财富的增加。人的需要千差万别，影响需要的因素错综复杂。从根源上来看，人的需要主要由信仰决定，需要是动机产生的内部原因，动机则直接推动行为的产生。

需要是人成长的动力系统的核心构成要素之一，在动力系统中起着连接信仰与动机的桥梁作用。需要是有机体内部的某种缺乏或不平衡状态，它表现出有机体的生存和发展对于客观条件的依赖性，是有机体活动的积极性源泉。需要是有机体内部的一种不平衡状态，它表现在有机体对内部环境或外部生活条件的一种稳定的要求，并成为有机体活动的源泉。由此可以看出，人的需要包括物质需要（或生理需要）和精神需要（或心理需要），对需要的理解越来越强调精神需要和个体生命健康幸福的需要。

关于人的需要种类划分方式不一。有研究者按照需要的起源将其分为自然需要和社会需要。自然需要是人的生物需要，包括饮食、睡眠、排泄和性等。社会需要是作为人类的需要，如交往需要、成就需要、求知需要、自尊需要和权利需要等。按照需要指向的对象，分为物质需要和精神需要。物质需要是指向生命维系所需物品的需要，精神需要是对精神产品的需要。还有研究者将人的需要分为生理需要和心理需要。生理需要类似于自然生物需要，心理需要类似于精神需要。心理需要与生理需要具有不同的特点，主要表现为：首先，心理需要的产生不一定是以匮乏状

---

① ［东汉］许慎编著，马松源整理．说文解字（第四册）［M］．北京：线装书局，2014：1632 - 1633.

态为基础；其次，心理需要可以通过经验而被习得。当前关于需要的理论影响最大的是人本主义心理学家亚伯拉罕·马斯洛的需要层次说。

马斯洛认为：动机是人类存在和发展的内在动力，动机引起行为，需要是动机产生的基础和源泉。人类的需要是一个复杂的系统，需要与动机之间并非简单的对应，只有一种或几种占优势的需要成为行为的主要动机，马斯洛将人的需要分为两大类七个层次。

基本需要与人的本能相联系，关系个体的生命保存，因缺乏而产生，又称匮乏性需要或缺失性需要。在健康人身上，处于静止的、低潮的或不起作用的状态中。包括以下四种：第一，生理的需要。这是维持个体生命和人类种族延续的需要，在整个需要层次中处于最原始、最基本、最优先满足的地位，是人与动物共有的需要。如进食的需要、喝水的需要、性繁殖的需要和睡眠的需要等。第二，安全的需要。这也是人与动物共有的低级需要，安全的需要是对组织、秩序、安全感和预见性的追求。第三，归属和爱的需要。这是人在社会群体中生存，基于人际交往所产生的需要。如，追求与他人建立友情，渴望家庭的温暖，希望得到所在团队和组织的认同。这种需要获得满足，会产生归属感，不能被满足就会产生孤独感。第四，尊重和自尊的需要。尊重需要是人类个体对尊严和独特价值的追求。一方面，是个体追求别人的尊重。例如，人际交往中他人对自己的认可、重视、赞许、支持和理解等。另一方面，是个体对自己的尊重。例如，个体对自信、成就、独立、自由地追求和期望。尊重的需要如果获得满足，个体就会真诚、开放、透明，产生自信心、价值感、成就感和积极性与主动性。否则，就会产生自卑感和无能感。

成长性需要又称心理需要或发展需要，它不受人类动物性本能的支配。这类需要是在人基本需要满足以后产生，具有如下三个特点：不受人的生物性直接欲望左右；以个体自我潜能的发挥为动力；需要的满足会使个体产生最大程度的满足与快乐。这类需要主要包括三种：第一，认知的需要。人在社会生活中，为了更好地生存和成长，就会产生对周围环境和探索事物发展规律的需求，这类需求就是认知的需要。正确的认知需要可以帮助个体确定活动目标，指导活动方向，设计合理的活动计划和行为。此需要如不能获得满足，就会产生心理上的压力。第二，审美的需要。审美需要属于高级层次的需要，这种需要是人类发展到一定阶段的表现，是对人的成长具有重要意义的社会需要。马斯洛提出，在所有的文化背景下，都有一部分人产生这类需要，并非全部人。有此需要的人，希望自己生活在精神美、道德美、自然美和物质美的环境中。当这类需要无法满足时，会产生心理障碍，起阻碍个体成长的消极影响。第三，自我实现的需要。这是人类最高层次的需要，并非每个人的需要都能达到这个层次。自我实现的需要表现为个体对完整、圆满、公正、丰富、质朴、活跃、美、善良、独特、幽默、真实、自主和人生意义的追求。马斯洛将其描述为，个体想要变成越来越像人本来的样子，实现人全部潜力的欲望与追求。

研究发现，真正能够达到完全自我实现的人只占百分之一。个人之所以不能自我实现主要原因有：个体无法正视、理解或学习关于自我实现所需要的知识，缺乏对自我实现知识的正确认知，使自己处于不确定的状态；人生活在文化环境中，受文化环境的强力影响，让个体无法突破，从而阻碍自我实现；自我实现的人是由成长性需要推动，并非依靠基本需要推动，其发展和持续成长依赖于自己的潜力。人只有自我实现才能是真正的自己，自我实现的存在是人本质的存在，实质是人超越了物质需要的直接缺失性动机之上的高度精神境界，是人的最高动力。

马斯洛提出人的需要具有层次性，低层次的基本需要获得满足之后高层次的需要才会出现。但是这种层次的划分只是一般模式，并非适用于所有人。个人需要结构的发展并不是间断的，而是呈波浪式发展。较低层次需要高峰过去以后，较高层次需要才起主导作用。与此同时，较低层次需要并不消失，只是在人的需要结构中不再起优势和主导作用。

（二）需要在幼儿教师专业成长动力系统中的定位与价值

需要在幼儿教师专业成长的动力系统中连接着信仰和动机。需要在幼儿教师专业成长动力中的价值主要表现为以下几点：第一，幼儿教师的需要是其专业成长内驱力的基础，是幼儿教师专业成长内部动机的源泉。影响幼儿教师专业成长的因素众多，但需要是推动幼儿教师专业成长的主体核心内部要素。幼儿教师只有产生专业成长的需要才有可能激发其进行专业成长的动机，进而产生专业成长行为。第二，需要是幼儿教师进行有助于专业成长活动的诱因。在通常情况下，幼儿教师的专业成长行为是由幼儿教师专业成长的内部需要和外部诱因两个方面因素共同驱动的。第三，为促进幼儿教师专业成长所提供的外部条件、激励措施、目标等只有转化成幼儿教师的内部需要才能发挥持续性的最大功效。

作为幼儿教师的需要与其他人群的需要既具有共性，又具有特殊性。从共性上来看，幼儿教师的需要也是由基本需要和成长性的需要，或者生理的需要和心理的需要构成。按照马斯洛的需要层次理论看，幼儿教师的需要也是由生理需要、安全需要、爱和归属需要、尊重需要、认知需要、审美需要和自我实现需要构成。学前期是人一生发展的关键期，幼儿教师所从事的教育工作是为了幼儿生命质量的提升和人类社会的延续和完善所进行的工作。幼儿教育的价值和使命对幼儿教师高级需要提出更高要求。幼儿教师在教育信仰和职业信仰的驱动下，在基本需要获得满足的情况下，认知需要、审美需要和自我实现的需要应成为推动幼儿教师专业成长的核心需要。成长性需要的不断产生与实现的过程就是幼儿教师专业持续成长的过程。

（三）幼儿教师通过学习提升专业成长需要

人的需要由基本需要和成长性需要构成，并呈现出一定的层次性。低级需要由动物性本能所决定，高级的需要则是可以通过学习提升的。幼儿教师的基本需要获得满足后，学习与成长性需要之间呈现出相互影响和相互促进的关系。一方面，成长性需要的产生促使幼儿教师出现学习动机，产生学习行为，从而实现持续成长。另一方面，幼儿教师学习的展开与提升促使新的不平衡出现，从而进一步产生更高层次与更多的成长性需要。幼儿教师通过学习可以协调和平衡基本需要与成长性需要，增加成长性需要，让成长性需要成为优势需要，弱化或者限制基本的生物性需要。

专业成长动力不足的幼儿教师往往不能正视或者刻意回避现实中客观存在的矛盾与问题，安于现状，其结果就是无法产生学习的需要和成长的需要，使需要处于较低层次，无法向更高层次需要流动和转化。尊重的需要是幼儿教师由基本需要跃升至成长性需要的过渡环节。当前幼儿教师尊重的需要未获得充分的满足，主要表现为家长、幼儿园管理者和社会对幼儿教师不信任、不尊重，在幼儿教师开展幼儿教育活动的场所安装摄像头就是最明显的表现。尊重需要的无法满足成为制约幼儿教师由基本需要跃升至成长性需要的瓶颈。

四、幼儿教师的专业成长动机

（一）动机种类及有代表性的动机理论

动机与需要密切联系，动机基于需要而产生，当人的某种需要没有获得满足时，会推动个体去追求需要的对象，即产生动机。但需要并不等同于动机，动机在人的动力系统中比需要朝向行为的发生又前进了一步。需要在需要者主观上以意向和愿望的形式被体验着。在人的需要中被模糊意识到的，未分化的需要叫意向。意向虽有一定的指向，但却不知道满足需要的具体方式和途径。在需要体系中被明确意识到并有意去寻求满足的需要叫愿望。静止停留在头脑里，而不付诸行动的愿望不能成为动机。只有当需要推动个体做出行为，并把行为引向特定的目标时，需要才成为有机体活动的动机。所以，动机是激发和维持个体进行活动，并导致活动朝向某一目标的心理倾向或动力。

动机来源于需要，人的需要的复杂性决定了动机的多样性。不同的研究者对动机的种类的划分标准与界定不尽相同。有代表性的观点主要有以下几种：第一，根据动机的来源，可分为生物性动机（又称生理性动机，抑或称原发性动机）和社会性动机（也称心理性动机，抑或称习得性动机）。人是生物性与精神性构成的复合整体。生物性动机是由人作为生物的一个种类的生物学需要为基础的动机，是人的原发性动机，是基于人类种族延续和个体生命保存和维持所产生的动机。例如，进食动机、睡眠动机、排泄动机、趋利避害动机和性动机等。社会性动机是以人的社会属性为基础，源于社会文化需要的动机。社会性动机来源于人类社会生活的需要，属于人类社会历史的范畴，是人后天习得的。

有研究者根据引起动机的原因，将动机分为外部动机和内部动机。外部动机是来源于个体和具体任务之外的动机，由外在因素引起，追求活动之外的某种目标。例如，幼儿教师做科研写论文是为了完成幼儿园布置的任务或评职称，而非自己的专业成长。内部动机是来源个体和具体任务本身的动机，该类型的动机出自行为者本人并且行为本身就能使行为产生者的需要得到满足。个体本人从观念上认为行为本身是有趣的或者有价值的。例如，幼儿教师阅读学前教育专著就是为了提升自己的专业素养，提升自己的专业境界。外部动机和内部动机都能激发并促进个体的行为。但是外部动机只会让个体付出完成任务所需的最少的行动和努力，且一旦外部强化停止行为就可能终止。内部动机在很多方面优于外部动机。具有内部动机的人其行为的积极性与主动性较强；乐于从事任务中有挑战性的部分；理由充分时会改变自己的原有认知；能创造性地完成任务；具有坚持不懈的毅力；主动寻找额外机会完成任务。

有研究者根据动机在人的行为和活动中所起的作用，将动机分为主导动机和次要动机。人的活动通常由多方面的动机推动，以动机系统的形式发挥作用，在推动人做出行为和开展活动的动机系统中起主导的、关键的、决定作用的动机被称为主导动机。不起决定作用的其他动机被称为次要动机。在动机系统中，主导动机和次要动机是不断变化和发展的。例如，在幼儿教师专业成长过程中，刚入职初期内部动机占主导地位，而随着职业的适应，外部动机逐渐占主导地位，进入专家型教师阶段后内部动机又占主导地位。

当前关于动机的理论较多，具有代表性的理论有以下三个：第一，内驱力降低理论。内驱力是中间变量，个体行为是由内驱力激发的，而内驱力来自个体的机体需要。内驱力分为原始性内驱力和继发性内驱力。原始性内驱力是由人的生物性需要产生；继发性内驱力是针对情景而言的，或者是针对环境中的刺激而言的。外部的情境或环境的刺激伴随着原始性内驱力的降低而成为主导性内驱力，就需要降低需要或由需要而产生的原始性内驱力。具备外部诱因，且产生内驱力，才能使被强化的习惯产生行动。个体产生学习行为反应潜能是内驱力、诱因和习惯强度的乘积。个体的行为在于降低或消除原始内驱力，原始内驱力降低的同时，个体行为活动受到强化。因此，原始内驱力降低是提高学习行为概率的基本条件。

第二，成就动机理论。成就动机是一种力求成功并选择朝向成功目标活动的一种倾向。个体的成就动机由力求成功和避免失败两种意向组成，个人行为活动目标的确定与具体行为受成就动机决定。若个体力求成功的动机高于避免失败的动机，就会确定成功的目标并在行为中付出全力，追求目标的实现。若个体避免失败的动机高于追求成功的动机，个体就会确立极力避免失败的目标。个体追求成功的动机是个体成就需要、成功的主观期望和成功的诱因之间的乘积。避免失败的倾向是追求逃避失败的动机、失败的可能性和失败的诱因之间的乘积。个体的成就动机是力求成功的倾向值减去力求避免失败的倾向值。个体在适宜的环境中如果力求成功的需要大于力求避免失败的需要，就会全力付出力求成功。

第三，自我决定理论。该理论的假设是：人是积极的有机体，个体的成长和发展动力是与生俱来的，这种与生俱来的成长和发展动力帮助个体努力掌控生活环境中的挑战，并将其整合到自己的自我概念中。自我决定是一种潜能，这种潜能是关于经验的选择，是个体在充分认识自己需要和环境信息的前提下，做出的对行动的自由选择。个体自我决定的这种潜能引导其从事感兴趣的，有益于自己能力发展的行为活动，形成对社会生活环境的灵活适应。自我决定是人类个体的一种需要，而不仅仅是一种能力。自我决定理论认为人类在延续的过程中一直在争取最大的自主性、自我决定感与他人归属感，以获得胜任感、自主性和归属感三种基本的心理需要的满足。人在感受到效能感的同时，还必须感受到自己的行为活动是由自己决定而非外在支配和控制的，这样才能对内在动机起积极的促进作用。与之相反，在行为活动或任务完成中，个体感受不到自我决定，而是在威胁、强制命令、非接纳式性评价、截止日期和强制性目标等氛围下开展任务将会削弱内在动机。通过研究发现，外在动机使用不当将会抵消内在动机。内化动机是指由外在因素激发个体对学习活动、意义的内在认同和追求，从而成为学习主导动机。该理论强调外部动机的内化与所有动机的整合。

（二）动机与情感、价值观

需要除了是动机产生的基础，也是情绪产生的基础。情绪是主体根据需要是否满足所做出的心理上的反应。情感是人类个体对自己情绪过程的主观体验，也就是对情的感受，是人类个体在活动中所产生的体验、情绪，以及一般的心境。情感对人类个体动机的计划、思考起着重要作用。通常个体感觉如何取决于需求是否被满足以及目标是否被实现。当人在追求一个目标或失去时，同样会考虑自己随后会获得怎样的感受，特别是成功时快乐和自豪的情感，失败时悲伤或羞愧的情感。积极且正向的情感对个体动机的思考、分析和确定，激发具体的行为起着积极的促进作用。消极的情感有时也会对人的动机的确定和行为的激发起着积极的作用。例如，幼儿教师因自己的专业素养问题，不能很好地解答家长在家庭教育中遇到的问题和困惑，会出现羞愧感，这种羞愧感会促使幼儿教师产生提升自己专业素养的需要和动机，做出学习的行为。

价值观与动机密切联系，价值观通过对激发并维持行为活动的外部诱因的机制评判而起作用。价值观是个体按照外部客观事物对个体自身及社会意义或作用进行评价和选择的标准、原则和信念，是一个人思想意识的核心。动机是个体行为调节系统的一个组成部分，其中价值观起着核心的作用。价值观不仅是人认知范畴的概念，而且具有情感和意志功能。个体价值观影响动机的性质、方向和强度，同时影响人对事物的需要，进而影响行为的调节。价值观为个体正确的行为提供依据，融合于整个人的个性之中，对个体的行为、态度、信念和理想起支配作用。价值观具有社会历史性，个体价值观是在生活实践中通过学习逐渐形成并稳定下来的。价值观内隐于个体的思想系统中，一般对外表现为兴趣、信念和理想三个方面。

（三）动机在幼儿教师专业成长动力系统中的定位与价值

动机在幼儿教师专业成长的动力系统中连接需要和行为，是推动幼儿教师做出专业成长行为和开展专业成长活动的直接推动因素。幼儿教师专业成长动机与专业成长行为之间的关系是辩证的，专业成长动机推动专业成长行为，专业成长的结果反过来助推更多、更高层次专业成长动机的产生。通常来讲，幼儿教师的专业成长动机并不直接卷入专业成长过程，而是以专业成长情绪状态的唤醒、专业成长准备状态的增强、专业成长意志的提高和专业成长活动注意力的集中为中介来影响幼儿教师专业成长的过程的。犹如"催化剂"间接地增强与促进幼儿教师专业成长的过程。

幼儿教师的专业成长动机具有唤醒和引发作用，能够唤醒和引发专业成长行为。当幼儿教师对专业知识、专业能力和专业理念产生迫切的成长与提升需要时，就会引发成长的动力，唤起内部机动状态，产生专业成长的焦急和渴求等心理体验，激发起专业成长行为。幼儿教师的专业成长动机还具有定向作用，它以专业成长需要和专业成长期待为出发点，使专业成长行为在初始状态下就指向一定的成长目标，推动幼儿教师为实现目标而努力。幼儿教师的专业成长动机还具有维持功能，维持幼儿教师参与有利于专业成长活动的心向。幼儿教师的专业成长动机还能调节行为的强度、时间和方向。

专业成长动力充足的幼儿教师以专业提升的内部动机为主，能够主动地将外部动机内化和整合；成就动机较强，以力求成功的动机为主；自我决定空间较大，有较大的专业自主权，自我价值能够获得实现和尊重；原始性内驱力保持在最低限度，以继发性内驱力为主；表现出积极且正向的情感和价值观，能够正确对待和解决从现实向理想愿景推进中出现的消极情感和困难；内心理想的职业愿景明确；易于在从业过程中体验到价值感、成就感和归属感。

专业成长动力不足的幼儿教师以外部动机为主，外部动机难以内化，内外动机难以有效整合；成就动机较弱，习惯安于现状，得过且过，通常以避免最低限度的失败为主；自我决定空间非常小，专业自主权极为有限，自我价值难以获得实现和尊重；内心往往处于封闭的状态，自我防卫习惯明显；通常以降低理想愿景，解决由现实状态和向理想状态推进中所产生的消极情感，沉溺于现实问题，不敢正视现实。

专业成长动力充足的幼儿教师学习需要和专业成长需要强烈，学习动机和专业成长动机以内部动机为主。会主动创造条件，克服困难进行学习。而专业成长动力不足的幼儿教师逃避问题，不愿正视问题，习惯为自己的不学习寻找外部原因，例如时间不足，事情过多等。

（四）幼儿教师通过学习确立并完善专业成长动机

幼儿教师的专业成长动机与专业成长需要、情感、价值观密切联系。需要、情感和价值观的复杂性决定了专业成长动机的复杂性。幼儿教师的专业成长动机由外部动机、内部动机、生物性动机、社会性动机、主导动机和次要动机等组成。幼教师职业要求幼儿教师应以认知动机、成就动机、自我实现动机等内部社会性动机为主导动机。幼儿教师专业成长动机的提升与优化通过学习实现。

首先，幼儿教师通过学习形成和提升认知动机和自我提高动机。幼儿教师通过学习正确认知学前教育的重要意义和做好幼儿教师的高要求，感受到从事幼儿教师工作所需要的素养与自身现有素养之间的不平衡，产生提升专业素养的需要，形成认知内驱力、自我提高内驱力等内部动机。

其次，幼儿教师通过学习形成并提升成就动机和自我实现动机。成就动机和自我实现动机是基于幼儿教师的成就和自我实现的高级需要而产生的，是通过学习而出现和提升的。幼儿教师在从业过程中，会直接或间接接触一些当下和历史上有成就和自我实现状态好的榜样人物。例如，最美乡村教师、最有爱心教师等。有些榜样教师在物质条件和专业基础均不利的情况下，依然做出高成就和达到自我实现，幼儿教师通过对榜样先进事迹的学习可以激发追求成就和自我实现的动机。

最后，幼儿教师通过学习提升自己的交往动机和归属动机。幼儿教师在教育实践中会发现幼儿教育工作复杂性，需要团队合作完成，交往能力是幼儿教师必备能力。若幼儿教师的实际交往能力无法满足工作需要，就会产生不平衡，这种不平衡促使幼儿教师产生提升交往能力的需要和动机。幼儿教师在实践中发现具有团队合作能力更容易实现自己的教育目标，得到团队成员的认可，实现自我价值。幼儿教师通过反思学习和观察学习也会激发团队归属需要和动机。

第三节　提升幼儿教师专业成长动力的建议

一、园长优化管理理念与行为

（一）园长遵守和落实民主管理原则

幼儿园民主管理原则是指园长在管理中，既要处理好完成工作任务和关心广大幼儿教师的关系，也要处理好管理者与广大幼儿教师的关系，调动幼儿教师的主动性和积极性，发挥管理的激励机制，促进幼儿和幼儿教师的成长。人是管理的核心，在管理的要素中，人既是管理的手段也是管理的内容，现代管理强调"以人为本"的管理理念。园长要较好的实现幼儿园的任务目标，关键是在管理中实行民主管理，调动幼儿教师的主动性和积极性。园长遵守和落实民主管理原则，应注意以下几点：

第一，树立和践行人人平等的管理观念。园长要充分认识到自己与其他教职工的不同在于岗位分工不同，全员教职工均是平等的幼儿教育工作者，均是幼儿园这个大家庭的主人。在管理过程中充分调动广大幼儿教师参与的主动性和积极性，以开放的心态理解和接纳每位幼儿教师的想法和建议，尊重幼儿教师的人格尊严，肯定幼儿教师的独特价值。在幼儿园各项规章制度制定和重大事项决策上尊重广大幼儿教师平等参与的权利。在规章制度面前人人平等，带头遵守各项规章制度。在评优、评奖、职称晋升、外出培训学习、参加比赛等机会面前公平和公正。

第二，树立和践行以幼儿教师专业成长为本的管理理念。园长要充分认识到幼儿教师团队的专业素养是幼儿园发展的核心软实力，直接影响和决定幼儿园的保教质量。园长管理过程中应以教师为本，为幼儿教师的专业成长提供适宜的环境；尽力提供幼儿教师专业成长所需的时间、空间、制度和学习资料等资源；通过教研、科研、读书会、兴趣小组等形式搭建幼儿教师专业成长的合作互助平台；分析和理解幼儿教师专业成长的问题与瓶颈，帮助幼儿教师制定切实可行的专业成长规划。正视并尊重幼儿教师的成就需要和自我价值实现需要，为幼儿教师自我价值实现提供平台和机会。在制度管理的基础上，兼重情感管理，给予幼儿教师必要的情感关怀。

第三，注重营造有利于提升幼儿教师专业成长动力的助益性人际交往关系。在助益性人际关系中至少有一方有明确的意向，即促进对方的成长、发展和成熟。换言之，助益性人际关系中某个参与者意欲使另一方或者双方发生某种变化，使个人的潜力得到更多欣赏、更多表达、更好发挥作用。园长在管理中营造有利于提升幼儿教师专业成长动力的助益性人际交往关系应做到真诚透明、接纳欣赏和理解。所谓真诚透明是指园长在与幼儿教师交往中言行应与内心的感受和态度一致，也就是说园长在幼儿教师面前应表现出真实的自己，这样幼儿教师才会展现真实的自己。

所谓接纳欣赏是指园长在与幼儿教师交往中要热情关注幼儿教师，无条件地认为幼儿教师是具有自我价值的人，尊重和欣赏幼儿教师的独立价值。接纳和尊重幼儿教师的态度，无论态度是积极的还是消极的。园长对幼儿教师的接纳和欣赏会形成一种开放和信任的人际关系，使幼儿教师感到温暖和安全。园长在接纳和欣赏的同时还应理解幼儿教师，理解教师的感受和情感，以换位思考达到共情。这种助益性的人际关系是一种充满信任的关系，园长与幼儿教师之间互相信任，遇到问题同心协力地应对。幼儿教师在这种人际关系中，将会在意识以及更深的人格层面上，用一种更具建设性的、更为理智的、更主动、更积极的方式投入学习和工作中。换言之，幼儿教师的专业成长动力将更充足。

如果园长能够为幼儿教师专业成长营造这样一种人际关系：每个人都能在人际交往中对彼此真诚与透明；每个人都能热情地接纳以及欣赏彼此的独立个性；每个人都能以换位思考的方式彼此达到共情。那么，人际关系中的双方将会：体验并理解自身先前被压抑的情感；发现自己变得更真实、更完整，更能有效发挥机能；更善解人意，更能接纳别人；更具有独特的个性，更会自我表达；具有更好的自我导向，更自信、更主动和更积极地投入到学习和工作当中；更自如轻松地处理工作和学习生活中的问题。

（二）园长克服等级管理体系的弊端

传统的权威型幼儿园组织里，园长的主要信条是控制、干预、组织和管理，具有鲜明的等级体系，采取自上而下的管理模式，对幼儿教师缺少情感支持。但是园长对幼儿教师过多地控制和干预，也意味着不信任和伤害。园长的眼中充满任务、目标和规章制度，幼儿教师的情绪、情感和独立的尊严和价值却很少有机会成为管理者关注的对象。园长以职务赋予的权力开展管理，有明确的规章制度和目标，但难以形成幼儿教师团队的共同愿景。大多数幼儿教师的归属感、集体荣誉感、奉献精神、使命感和责任感较低，自主权受到极大限制，积极性与主动性较低。

幼儿教师在等级森严的幼儿园管理下，往往习惯于被动按照领导安排和规章制度"努力"完成分内工作，绝不让工作影响生活。园长需要进行管理文化变革，为提升幼儿教师专业成长动力提供文化环境支持。管理者克服等级森严的管理弊病关键是在于幼儿园团队内努力宣传并践行"开放性"和"公德心"的原则。

幼儿园管理的开放性原则是指园长应带领幼儿园团队成员营造一种开放的心理氛围，让成员打开心扉，以真诚、真心和真情对待彼此。幼儿教师的内心只有处于打开的状态，内部的情感才能释放出来，外部的经验也才能进入内心，学习才能真正发生。团队成员彼此的想法外显出来并进行有效的交流，才能达到化解矛盾和互相学习的目的。园长在管理中应时刻提醒自己践行开放性原则，以开放的心态接纳幼儿教师。幼儿园管理中的公德心是指园长在带领幼儿园团队成员决策时应以团队最高利益，而非以自己最高利益或某个人的最高利益作为基本准则。开放性和公德心结合起来代表一种深层的信念，就是说如果园长带领幼儿园内的所有教师开发更大的能力去探究并显露各自的内心世界，并对其进行富有成效的探讨，那么幼儿教师的专业成长动力就可以获得极大提升，幼儿教师专业成长的主动性和积极性将大大增强。

二、建设学习型幼儿园

幼儿教师以学习实现专业成长，学习是推动幼儿教师专业成长的重要动力。当前幼儿教师学习总体呈现出学习动机功利化严重、学习所需专业基础差、学习需要弱、学习资源有限、学习共同体平台的搭建不足、学习氛围有待优化、学习激励机制有待健全等问题，成为制约幼儿教师专业成长动力提升必须要破解的问题。幼儿教师的个人学习与团队学习相互联系和相互影响，因此要提升幼儿教师专业成长的动力需要在个人学习与团队学习之间架起沟通的桥梁，学习型幼儿园建设就是这个桥梁。学习型幼儿园建设会加强幼儿教师个人和团队的系统学习和交流互动，使教师个人和团队更具活力和生命力，激发专业成长的需要。建设学习型幼儿园需要从幼儿教师团队学习、建立幼儿园共同愿景、鼓励幼儿教师自我超越和强化幼儿教师的反思能力等方面着力。

（一）加强幼儿教师的团队学习

幼儿教师团队学习是学习型幼儿园建设的关键之一，将为幼儿教师的学习搭建共同体，为幼儿教师专业成长提供伙伴和资源支持。幼儿教师团队学习氛围与制度的形成，将助力幼儿教师专业成长，优化幼儿教师专业成长动力的结构，使幼儿教师专业成长的动力由内而外和由外而内交汇融通。幼儿教师团队学习主要借助园本教研、课题合作小组、读书会、工作坊、兴趣小组、集中政治学习等活动来进行。其精髓是"协同校正"，即幼儿教师团队中出现整体功能的现象，融合与协调个体的能量和精力，共同作用于共同愿景的实现。幼儿园进行团队学习有两个关键：首先，对复杂问题要有深入的思考和清晰的理解。幼儿园团队要挖掘每位幼儿教师的思想潜力，让团队力量超越个人力量。其次，幼儿园团队需要有协调一致和具有创新性的行动。这需要幼儿教师之间形成一种真诚、透明、信任和尊重的人际关系。每位幼儿教师都能保持对自己和他人的清晰意识，在工作和学习中相互帮助和相互依赖。

幼儿教师的团队学习将会优化团队成员之间的人际关系，提升专业成长的动力。要达到上述目标需要注意以下两个问题：

第一，以深度汇谈形成真诚、开放、尊重的团队学习氛围。幼儿教师团队学习目的是为幼儿教师搭建学习共同体，从而超越个人学习，整合团队成员的力量。因此，团队学习最关键的是如何打开每位幼儿教师的心扉，从而进行深度合作学习。团队学习既追求学习过程中的参与、共享、贡献、交流和宽松的氛围，又追求学习成效高于个人学习。因此，深度汇谈和商讨成为团队学习的核心。

深度汇谈是幼儿教师团队通过对话交流探寻某个议题或进行某项思考和学习时，通过探寻、反思和分享个人的思维模式，达到团体成员思维模式的共享、共通和共融，汇集成超越个人思维模式的强大团队思维模式，从而体现出主动创造和以过程为本质的对话学习方式。深度汇谈不同于"头脑风暴"，"头脑风暴"与深度汇谈相同点是鼓励个体充分表达自己的观点，但"头脑风暴"最终要挑选出一个胜利的观点。而深度汇谈注重在汇谈中绝对尊重每个成员的价值，所有参与汇谈的成员均赢得胜利，并非只有唯一的胜利观点，是团队成员真正发自内心的真诚交流。深度汇谈适用于幼儿园的教研活动、课题研讨以及园所文化建设研讨等需要团队力量完成的事项中。

幼儿教师团队要进行深度汇谈需要具备以下四个条件：其一，参与深度汇谈的所有成员必须打开自己的心扉，形成真诚、透明、平等和尊重的人际氛围，杜绝一言堂和随声附和。这样每个参与者内心的想法、思想和能量才能和谐。其二，参与深度汇谈的幼儿教师应先"悬挂"自己的假设。悬挂自己的假设并非放弃或压制自己的假设。而是不固守自己的假设，不将自己的假设作为客观事实，或者唯一正确的假设。以包容和开放的心态接受其他人对假设的质疑和评论。如果在汇谈中先入为主，坚持自己的假设和观点，无论如何绝不妥协，辩争到底，那深度汇谈就无法进行。其三，参与深度汇谈的幼儿教师要把其他人看成平等的同事。深度汇谈的参与者只有将其他人看成具有共同愿景、共同事业目标的平等同事才能有安全感，深度汇谈才可能发生。这个条件在深度汇谈中观点不一致时特别重要。在观点不一致时，将对手看成有不同观点的同事，能获得最大的利益。其四，在幼儿教师团队中必须有一位德高望重的人时刻护持深度汇谈的要素和氛围。在传统等级制幼儿园管理中，形成了管理人员发布命令、任务、目标和指导思想，普通教师理解和贯彻执行的习惯，领导的假设成为大家的事实。幼儿教师团队要进行深度汇谈首先要摒弃或最大限度地控制这种习惯。幼儿园核心管理人员或者骨干教师必须准确把握深度汇谈的精髓，护持深度汇谈所需要的场境，让参与深度汇谈成员的思想观点流动起来。护持者在深度汇谈初步尝试和推进阶段起着非常重要的作用，一旦深度汇谈氛围形成，深度汇谈的理念为全体成员所理解，深度汇谈的成效动人心扉时，每个人都会成为深度汇谈的护持者。

第二，破解幼儿教师人际交往冲突和惯性防卫问题。任何团队、任何人际关系都必然存在冲突，不存在无冲突的团队关系。冲突既可能成为团队成长和个人专业成长的动力，也可能成为阻力。学习型幼儿园建设很重要的内容是要正视冲突、审查冲突、理解冲突和消解冲突。学习型团队要努力通过深度汇谈让冲突的观点在团队成员内心深处流动起来，冲突观点流动的过程就是反思和探寻的过程，也是学习发生的过程，更是成长的过程。与学习型幼儿教师团队相比，平庸的幼儿教师团队面对冲突会表现出两极分化的特征。一极表现为隐藏冲突，回避冲突，表面上看不出冲突，内心深处冲突逐渐膨胀。另一极表现为僵硬的团队关系。幼儿园管理方式强硬，幼儿教师的想法无法获得尊重和实现，彼此不妥协和松动，僵硬的感觉无处不在，消耗着团队和个人的精力。

面对冲突会产生惯性防卫，所谓惯性防卫是为保护自己，把问题和差距隐藏起来，刻意回避不足，根源是担心暴露观念背后的思维模式所带来的尴尬、窘迫和危险等消极情感。它是人为了保护自我，减轻心理挫折，求得内心安宁经常使用的潜意识心理机制。惯性防卫是阻碍幼儿教师团队学习和个人学习的重要因素，会导致团队和幼儿教师内心封闭，观念和想法无法在团队内流动，他人的思想无法进入教师个人的内心，感到四面都是陷阱和高墙，最终结果是团队和个人学习停滞，专业成长动力受阻。幼儿教师的惯性防卫是应对现实问题的方式，问题是需要通过学习解决的。这种需要来源于已知与未知而又必须知之间的差距，解决的办法是探寻，这样才能产生新知识和新行为习惯。已知、未知和必须知之间的学习差距会产生学习的需要，差距是一种危险，大多数人会降低学习需要来消除学习差距。

要消解惯性防卫，需要幼儿教师团队和个人打开心扉，暴露自己的思维模式，对自我防卫的心态进行反思和探寻，通过反思和探寻将假设和推理公开出来，接受团队其他成员的影响。同时，也要鼓励、感染、支持他人也进行反思和探寻，将惯性防卫控制在最小范围内。当团队和个人正确识别惯性防卫的时候，惯性防卫就成为现实，就会与共同愿景构成成长的张力。团队和个人意识到惯性防卫就意味着认识到专业成长处于停滞的现实状态，在共同愿景的引领下就会探寻解决停滞状态的方法。当团队和个人将惯性防卫坦露出来进行反思与探寻时，自我封闭的内心就打开了，团队的智慧和能量得以开启，团队和个人的理解力得到建设，就会朝着共同的愿景奋力前进。

（二）幼儿教师团队建立共同愿景

共同愿景是幼儿教师团队共同认同和全力追求的幼儿园理想发展景象，具有凝聚的力量，它可以让幼儿园内的不同个体为共同的期待和追求全力投入工作和学习。对于学习型幼儿园建设来说，形成共同的愿景至关重要，因为它是教师团队和个人专业成长动力的重要来源。共同愿景将激发幼儿教师全身心投入所追求的理想状态，所有成员将会为实现共同的目标而合作学习、合作做事和合作探索，奉献精神将最大程度被激发，矛盾和自私将被控制在最小的范围内。幼儿园如果没有共同愿景，就不可能成为学习型幼儿园，因为缺少共同目标就意味着难以产生为共同目标而合作学习的心向和行为，维持现状的心态就会自然产生。

共同愿景会激发幼儿教师团队和个人不断超越现状的动机与行为；激发幼儿教师工作和学习的热情，使幼儿教育工作成为自我价值实现的核心载体；振奋幼儿教师团体和个人的精神，焕发生气和活力。团体内的每个成员会因为核心共同点的形成而有归属感，关系更和谐，彼此之间更加真诚与信任，深入合作的可能性增加，幼儿园变成"我们的幼儿园"。幼儿园共同愿景的建立还会让幼儿教师勇于承担任务，而非推脱任务。

幼儿园建立共同愿景，提升幼儿教师专业成长的动力需要注意以下事项：

第一，激励并支持幼儿教师建立个人愿景。正确理解个人愿景与共同愿景之间的关系，明确共同愿景建立的关键点和原则，理解并尽力避免共同愿景建立过程中的消极因素是建立共同愿景必须注意的内容。幼儿教师团队共同愿景基于幼儿教师个人愿景，并最大限度体现和整合个人愿景，才能产生凝聚力，才能培育出奉献精神和承诺投入的意愿和行为。个人愿景能够让幼儿教师克服专业成长中的消极情感，真心全力付出，义无反顾，坚持不懈。个人愿景越明确、越坚韧、越合理，幼儿园越可能在诸多个人愿景的基础上找到共同点，建立共同愿景。如果幼儿教师没有建立个人愿景就只能以顺从的方式被动加入共同愿景，难以产生发自内心的奉献精神和专业成长动力。幼儿园管理者在激励和支持幼儿教师建立个人愿景的过程中，要学会倾听，给幼儿教师创设宽松、自由和真诚的氛围，不要以权力侵犯幼儿教师个人的自主和自由。有愿景的幼儿园管理人员，尤其是园长在分享自我愿景的同时，鼓励幼儿教师建立并分享个人愿景，允许多种愿景共存，聆听幼儿教师的个人愿景，探寻找到超越和整合个人愿景的最佳路线，才能形成共同愿景。

幼儿教师团队建立共同愿景最好采取自下而上的方式，在个人愿景分享和分析的基础上，找到个人愿景背后的共同点。幼儿教师建立个人愿景虽然是个人的事情，但是个人所建立的愿景必须符合幼儿教育的规律，应是科学的、合理的。违反幼儿教育规律的，违反科学的，不合理的愿景，就不应成为具有专业素养的幼儿教师的个人愿景。基于幼儿教育的规律建立个人愿景，为建立共同愿景提供了前提。好的共同愿景应是每个人在共同愿景中都能找到个人愿景的影像，这样团队成员才能真正成为为共同事业而坚持不懈奋斗的合作伙伴。幼儿园建立共同愿景切忌管理人员闭门造车，自上而下的模式，这样的共同愿景是行政命令，是领导者的愿景，并非团队共同的愿景，无法激发奉献和投入。

第二，正确理解并识别幼儿教师对待共同愿景的不同态度。从幼儿教师对待共同愿景的态度，可以正确理解和识别共同愿景的层次，帮助幼儿园管理者和幼儿教师体悟共同愿景建立的精髓。幼儿教师对待共同愿景的态度有以下几种：第一种，承诺投入共同愿景。共同愿景是基于个人愿景，对个人愿景的超越和整合；团队成员发自内心地想要自愿去实现；愿景成为超越个人的被团队成员公认的"法则"。第二种，报名加入愿景。通过对共同愿景的正确认知，愿意在"法则的内在精神"范围内做自己力所能及的事情；找到个人愿景与共同愿景的融合部分。第三种，真心顺从共同愿景。幼儿教师能够辨识共同愿景的优点；会完成任何为了实现共同愿景而分配的任务。第四种，顺从共同愿景。幼儿教师基本认清了共同愿景的优点；会完成分配的不超越职责内的任务，但不会承担多余的任务。第五种，勉强顺从共同愿景。幼儿教师不能辨识共同愿景的优点；为了保住自己的工作，勉强完成分配的任务，但不会尽力完成，只是按照要求勉强做；明确表达并非自愿合作。第六种，不顺从共同愿景。幼儿教师完全无法辨识共同愿景的优点，甚至排斥共同愿景；不愿意承担分配的任务；明确表示不配合。第七种态度，冷漠对待共同愿景。幼儿教师是"破罐子破摔"的心态；冷漠对待事和人；在煎熬中艰难度日。

第七种和第六种对待共同景的态度可以归纳为排斥和反对，这种态度使个体和团体分离，工作与生活分离，自我价值实现的成长性需要和成就动机难以产生，学习难以发生，专业成长的动力严重受阻。第五、第四和第三种是顺从的态度，三种态度之间的区别是顺从的程度不同。第五种勉强的顺从处于排斥和顺从的交界点，具有这种态度的幼儿教师仅仅是勉强完成工作任务，专业成长的动力非常低。绝大多数幼儿教师对共同愿景态度处于形式顺从或真心顺从阶段。幼儿园有一定的愿景，愿景在推广过程中得到幼儿教师一定认可，能在幼儿园领导带领下较好地开展工作，有一定的专业成长动力。第一和第二种是投入的态度，对共同愿景持这两种态度的幼儿教师发自内心认同共同愿景，并与个人愿景有机整合，幼儿教师的专业成长动力将内外交汇，共同推动幼儿教师的专业成长。第三种态度处于顺从和投入的交界点。正确辨识真心顺从和投入两种态度的不同，由顺从进入投入阶段是学习型幼儿园建设的关键之一。投入会激发幼儿教师专业成长的动力，有勇气甘愿冒风险进行改革。而真心顺从，只会照章办事，循规蹈矩。真正投入或加入的幼儿教师有明确且坚定的个人愿景和共同愿景，有真心追求的理想境界。而真心顺从的幼儿教师只是接受了别人的愿景，当愿景与自我利益发生冲突时，常常舍弃愿景。完全以行政命令进行管理的幼儿园，过于强调顺从，不关心真心承诺和加入，难以为幼儿教师持续专业成长注入动力。

第三，幼儿园在建立共同愿景中应遵守的以下原则：首先，幼儿园管理者在共同愿景建立和推广的过程中应首先承诺投入共同愿景。其次，应直截了当地描述共同愿景，不要夸大共同愿景的利益。再次，应给全体幼儿教师自由选择的权力，不要试图去说服或者压服任何人顺从共同愿景。越是试图说服或者压服，越会让人感受到操控，越会产生排斥反应。相反，幼儿园管理者应留出足够的时间和创设自由轻松的氛围帮助幼儿教师建立个人愿景，找到个人愿景和共同愿景的共同点，将个人愿景与共同愿景进行有机整合，这样才能让幼儿教师自愿加入或主动投入共同愿景。

幼儿园管理者要把共同愿景融入幼儿教师专业成长和幼儿园发展的指导性理念之中。建立共同愿景是幼儿教师持续专业成长和幼儿园持续发展规划中的一部分。幼儿园指导性的理念要回答三个核心问题：第一个问题，幼儿园全体成员所追求的理想景象是什么，即共同愿景。第二个问题是，幼儿园为什么要像理想的状态那样存在，幼儿园或者幼儿教师的使命是什么，这是比共同愿景更深远的幼儿园发展定位。第三个问题，幼儿园怎么做才能符合使命，并从现实不断靠近愿景，也就是幼儿园的核心价值问题。幼儿园的核心价值应包括公平、公正、尊重、认同、接纳、关爱、平等、公德心、教育情怀、真诚、开放、包容和理解等。幼儿园的使命是抽象的，共同愿景将抽象的使命变得更具体、更清晰，核心价值指导使命和共同愿景实现过程中的行为。

（三）幼儿教师个人正确认知自我超越的内涵和特征

从词义上来看，"超越"具有竞争的含义，带有一点获取对人或物的支配或控制的意思。但同时也可以表达一种特殊的精通和熟练程度。"自我超越"是指幼儿教师有持续超越当下专业素养的愿望，有持续不断学习的热情和动力。既能准确认知现实状态，又有明确的个人愿景，努力由现实状态向愿景状态流动。它是指幼儿教师把所从事的幼儿教育工作当成一件创造性的艺术作品，从主动创造的视角开展工作，而非从被动反应的视角开展工作。幼儿教师的自我超越是学习型幼儿园建设的精神基础。

幼儿教师的自我超越基于幼儿教师的教育信仰和职业信仰，来源于对愿景的追求。幼儿教师的成长基于内心对美好幼儿教育愿景的向往，有愿景的幼儿教师才可能去超越，既超越别人也超越自我。自我超越的幼儿教师是持续不断学习，追求幼儿教育工作尽善尽美的教师，所做之事总期望做到极致，这样的幼儿教师有持续专业成长的动力。自我超越的幼儿教师之所以能持续自我实现，除了个人天赋外，最根本的原因是不断学习和实践。幼儿教师自我超越的过程是一个"学习——实践——再学习——再实践"的循环往复过程。

当幼儿教师进行自我超越时，表现为以下两个方面的行为：第一，明晰对自己最重要的是什么。大多数幼儿教师用大把的时间应付工作中的各种"繁杂之事"，以至于忘记了从事这个职业的初心。结果对"什么对幼儿教师是最重要"这一问题的回答变得越来越模糊。进行自我超越的幼儿教师有明确的个人愿景，能够准确认知自己最需要什么。第二，幼儿教师在不断地学习如何更清晰地观察现实。有些幼儿教师不了解自己真实的工作状态和自己专业成长中存在的真实问题，或者虽然了解但回避现实，导致沉溺于现实而无法自拔。幼儿教师在朝向既定理想目标成长的过程中，清楚地了解自己当下的位置与状态至关重要，因为愿景和明确的现实之间会产生"创造性张力"。幼儿教师自我超越的意义就是掌握如何在工作与学习生活中，不断生发和保持创造性张力，通过学习不断从现实专业状态接近理想专业状态。

进行自我超越的幼儿教师有以下三个特征：第一，生活在持续不断的学习状态中。他们的内心处于敞开状态，能够准确认知自己的不足。保持谦虚之心，随时随地学习。第二，有明确的目的和强烈的使命感。对这样的幼儿教师来说，教育愿景和职业愿景是一种召唤，把现实看成盟友，而不是敌人，学会了如何观察和运用变革的力量，而不是抵制这种力量，有深入探究的好奇心，致力于不断改进和提高观察现实的准确性。第三，有较强的延迟满足能力。在开展幼儿教育的过程中能够考虑长远的价值和目标，而非急功近利。

学习型幼儿园之所以需要幼儿教师自我超越，是因为幼儿教师的专业成长是实现幼儿教育目标的基本要素。幼儿教师个人的专业成长将会带来整个幼儿园组织的成长。幼儿教师个人的幸福受专业成长影响，只在工作之余追求个人充实和完善，忽视在工作中所投入的那部分重要的生命，就等于限制了幼儿教师获得幸福和完善人生的机会。

（四）幼儿教师保持专业成长的张力

幼儿教师的教育愿景、专业成长愿景与现实之间存在一定的差距。幼儿教师要保持持续专业成长的动力需要正确看待个人愿景与现实之间的差距。必须将愿景与现实之间的差距看成专业持续成长的动力。而不能因为愿景和现实之间有差距就感到气馁和看不到希望。如果愿景和现实之间没有差距，愿景也就失去动力价值。幼儿教师的愿景和现实之间的差距，是一种创造性的张力，可以激励幼儿教师由现实向愿景逐渐靠拢。专业成长动力不足的幼儿教师往往降低愿景向现实靠拢。

愿景与现实之间的差距产生创造性张力，创造性张力引导幼儿教师由现实状态向理想状态变化，变化的过程伴随着焦虑、沮丧、压力和失望等消极的情绪。例如，幼儿教师理想的幼儿教育是用生活化和游戏化的方式组织，但现实却因幼儿园管理落后、幼儿人数过多、场地限制和材料限制等问题无法按照理想的生活化和游戏化的形式开展幼儿教育。幼儿教师在现实条件受限的情况下，仍然按照生活化和游戏化的方式组织教育活动，就会碰到一系列的问题，这些问题将引发消极情绪的出现。再例如，幼儿教师希望有自主学习的时间、空间和权力，但现实却因为日常事务过多和幼儿园管理赋权不足而无法进行自主学习，这个差距会导致幼儿教师的沮丧或绝望。这些消极情绪并非创造性张力本身，而是情感张力。

幼儿教师必须清楚地辨析创造性张力和情感张力。当幼儿教师的个人愿景未获实现时，产生消极情绪，进而就会产生舒缓消极情绪的需要和动机。最直接的做法就是降低个人愿景，使愿景更接近现实。愿景是产生创造性张力的一个端点，也是幼儿教师能掌控的一个端点，只要对它进行调整，负面的情绪就会获得舒缓，但是与之相伴随的是创造性张力的减弱。以降低或牺牲愿景为代价获得情感暂时满足，会降低幼儿教师专业成长的动力。幼儿园组织和幼儿教师个人如对情感张力的承受力不足，就会侵蚀各类目标。其表现是降低评价标准或者刻意回避现实存在的困境。情感张力的作用机制，是一种带人走向平庸、走向麻醉、走向安于现状的妥协机制。幼儿教师如果能正确理解愿景与现实之间的创造性张力，就会用另外的方式缓解情感压力，而非采用降低或牺牲愿景的方式，这样愿景才能真正成为一股活跃的推动专业成长的力量。

幼儿教师正确把握愿景与现实之间的创造性张力具有以下积极助益：首先，以积极的心态理解"失败"。将失败看作自己的不足，看作愿景与现实之间的差距，看作学习的机会；它能够澄清对现实的不当理解，能够揭示某些成长策略或教育策略并未满足预期，能进一步提升愿景的清晰度，总之不会认为失败是毫无价值或无能为力。其次，有更多毅力和耐心。面对幼儿教育和专业成长中的困境，能坚持愿景，并不断探索解决困境以不断靠近愿景的策略。再次，使面对现实状态的立场发生根本性转变。现实不再是万丈深渊，不再是敌人，而是朋友。对现实的准确而深入的认知与对愿景的清晰认知同等重要，如果幼儿教师将现实视为敌人，视为万丈深渊，就会沉溺其中无法自拔，会让幼儿教师用偏见和先入为主的观念理解现实，而不是通过观察来理解现实。幼儿教师要保持专业持续成长的张力，一方面，是明确自己的幼儿教育愿景和专业成长愿景，并在内心作出郑重的承诺。另一方面，是基于观察对现实准确理解与把握，不能臆测。

幼儿教师要保持专业成长的张力还必须化解"结构性冲突"。在幼儿教师由现实向理想的专业成长状态趋近的过程中有另外一种观念，即认为缺乏实现理想专业成长状态的能力，或不配拥有所期盼的理想状态。这就像两条橡皮筋，当幼儿教师逐渐接近自己愿景的状态时，有一条橡皮筋产生创造性张力，拉着幼儿教师逐渐靠近所期望的愿景。另外还有第二条橡皮筋绑在无能为力或不配拥有理想愿景的观念上。在第一条橡皮筋拉着幼儿教师接近愿景时，第二条橡皮筋却拉着幼儿教师回到无能为力或不配拥有理想愿景的观念上。这种拉向愿景和拉回观念之间的张力形成的系统就是"结构性冲突"。幼儿教师越接近实现自己的专业成长愿景，第二条橡皮筋就会越使劲地把他从愿景那里往回拉，最终会耗尽所有的能量，对自己所承诺的愿景产生怀疑。

所谓对真相承诺是指幼儿教师自愿抛弃那些限制和欺骗自己，不让自己看到真实现状与问题的习惯；不断反思和质疑自己理解真相的思维方式；不断扩大自己的意识范围，用超常的视野把握自己专业成长与幼儿园生态圈中的他人、它物和它事的关系；不断加深幼儿教师对眼下各种事件背后的结构模式的理解和认知，能觉察到自己行为背后的结构性冲突。要解决"结构性冲突"，首先就要明确地识别"结构性冲突"，以及这种"结构性冲突"运作对自己的影响。自我超越水平高的幼儿教师善于发现运作中的"结构性冲突"模式，善于快速识别和创造性地从内部处理冲突，承认矛盾冲突的存在，不与其对抗。一旦"结构性冲突"模式被识别，它就变成了幼儿教师专业成长"现实"的一部分。幼儿教师对自己专业成长现实真相的承诺力度越大，创造性张力就越强，专业成长动力也就越强。

（五）幼儿教师提升反思能力

幼儿教师专业成长的终极追求是形成教育智慧，教育智慧的形成除了要不断学习，还要用心去体悟和反思，这样知识才能融会贯通。因此，幼儿教师反思能力是专业能力的重要组成部分，也是专业成长动力提升的重要影响因素。幼儿教师通过反思将会对专业成长动力不足的问题和原因进行深入分析，并探寻解决策略。教师反思已经成为教师教育研究的热点，教师反思着眼于教学行为的改变，而非只是知识获得；基本的假设是通过自我觉察改变实现教学行为，而非单凭标准化的知识改变实现教学行为，实践、反思、再实践、再反思的循环往复过程就是幼儿教师学习和专业成长的过程。

真正卓越人的特点之一就是拥有在行动中反思的能力，如果幼儿教师没有反思能力，学习过程就是被动反应式的，而非主动生成式的。主动生成式的学习实践要求在外部因素强迫自己成长之前，就能够显露并挑战自己。

幼儿教师提升反思能力，提升专业成长的动力应注意以下事项：

第一，反思专业成长的实践。幼儿教师对专业成长实践的反思过程是运用相关理论对实践经验进行分析、总结和提炼的过程，目的在于明确专业成长实践中存在的问题和努力的方向，有效的反思过程一定是在相关理论指导下进行的，反思过程本身就是幼儿教师检查自己专业素养的过程。幼儿园应鼓励和支持幼儿教师通过积极参与教科研、写反思日记或教科研论文、阅读专著等形式反思专业成长实践。

第二，反思所宣称的理论和实际执行的理论之间的差异。理念与行为之间是有差距的，幼儿教师所宣称的理论无法完全在实践中实行，导致学习成就感降低，是制约幼儿教师专业成长动力提升的一个因素。例如，幼儿教师通过学习形成了应该以游戏化、生活化的形式组织教学，应给幼儿充足的爱和自主选择喜欢活动的权利等观念，而在实际教育活动开展中还是采用高控的形式进行。宣称的理论和实际实行的理论之间的差距，会引起幼儿教师的沮丧、失望的消极情绪和心态。要避免这种消极情绪，关键是要明确并正确理解它们之间的差距。因此，需要通过审查自己所说的（宣称的理论）和所做的（实际实行的理论）之间的差距来增强意识水平。

幼儿教师要正确认识宣扬的理论和实际实行理论之间的差距，首先反思所宣扬理论的价值是否自己真正重视和信仰的；其次反思自己所宣扬的理论是否是愿景的重要组成部分。如果幼儿教师自己所宣扬的理论并不是自己真正重视和信仰的，也不是发自内心愿景的重要组成部分，那么这个差距就不是引领幼儿教师由现实状态向理想状态成长的张力，而只是现实和幼儿教师所向外表白的观点之间的差距，没有力量。

第三，努力做到表达与倾听的平衡。幼儿教师要提升自己的反思能力，要不仅会表达自己的观点与想法，还要会倾听别人的观点与想法，正所谓兼听则明，在表达自己想法和倾听他人想法之间寻找平衡，这样才能真正达到学习的目的。只关注表达自己观点的幼儿教师在一起，不管他们的观点交流有多么直率和开放，学习也很少有收获。只注重表达自己的观点和想法，而不倾听或极少倾听他人的想法是制约幼儿教师专业成长动力的重要因素。幼儿教师只会表达不会倾听，导致表达失去源头，因为表达是建立在倾听学习的基础上的。不会倾听意味着内心封闭，理解难以发生，真正的学习难以发生。幼儿园管理者只会表达不会倾听，就会形成"一言堂"，导致幼儿园管理决策脱离幼儿园实际情况，会限制幼儿教师的积极性与主动性，导致幼儿教师消极应付任务。只关注倾听，而不关注表达，学习成效也会被减弱。只倾听有时候意味着把自己的观点隐藏在不间断问题高墙的背后，是一种回避学习的方式。

当幼儿教师把表达和倾听结合在一起的时候，就会实现学习的最大收获。当幼儿园管理者把表达与倾听结合在一起的时候，幼儿园的氛围机会变得更真诚、轻松和开放，这是一种相互的理解和学习。当表达与倾听完美结合时，个人不仅敢于表达内心的想法与观点，而且会邀请他人来理解和探寻自己的观点，他人也会将内心的想法与观点表达出来，从而达到真正的交流。让个人更进一步明确自己观点，以开放的心态借鉴别人的观点，用来丰富和完善自己的观点。理想的表达与倾听的平衡境界是富有挑战性的，这主要体现在意见不合、矛盾冲突发生时的应对模式。当意见不合和矛盾冲突发生时，继续坚持表达自己的观点，试图让他人接纳自己的观点其结果只能是事与愿违，增加彼此之间的隔阂。

三、强化幼儿教师的教育信仰

教育信仰是幼儿教师在实践活动中，对幼儿教育观念和幼儿教育实践表现出来的价值态度和行为准则，由教育自觉、教育自律和教育自省三个层面构成，是教师个人的内心力量，属于精神范畴，是对幼儿教育价值的坚定期待与尊崇，是幼儿教师专业成长的精神动力。幼儿教师的教育信仰和职业信仰与教育情怀、教育热情、责任感和使命感密切联系，是影响幼儿教师专业成长动力的重要因素。

当前绝大多数幼儿教师未形成坚定且科学的教育信仰和职业信仰，成为制约幼儿教师专业成长动力提升的重要问题，亟待破解。造成这一问题的主要原因有以下几点：首先，当前幼儿教师队伍中有相当部分是非学前教育专业毕业的幼儿教师，未经过系统学前教育专业理论的学习，对幼儿教育和幼儿教师职业的认识仅仅停留在感性经验层面，未形成教育信仰和职业信仰。其次，当前幼儿教师职前培养以高职和高专为主，高职、高专学前教育人才培养的技术化倾向，严重忽视了准幼儿教师教育信仰和职业信仰的培养。乃至于一些新建本科院校和部分二本院校的学前教育人才培养也错误地将应用型人才培养理解为技术化人才培养，弱化了教育信仰和职业信仰的培养。再次，当前我国现有的学前教育专业招考制度，导致相当部分学前教育专业学生并非出于喜爱学前教育或学前儿童而选择学习这个专业和从事幼儿教师职业，这也影响了教育信仰和职业信仰的形成。最后，职后幼儿教师教育信仰和职业信仰的培训和引导不足，实际上并未引起一线幼儿园管理者的充分重视。强化幼儿教师的教育信仰和职业信仰，提升专业成长的精神动力，需要从以下方面入手。

（一）职前培养重视教育信仰

教育部针对幼儿教师教育信仰和职业信仰的问题，通过颁布政策文件的形式明确提出相关要求，希望以此引领幼儿教师职前培养，具体可以从以下方面着力：

第一，在人才培养中明确提出培养教育信仰的目标。人才培养目标是学校根据国家教育的总目的，结合学校的实际情况，对培养什么样的人的总要求，起着统摄整个人才培养的作用。教育信仰与专业理念、师德、专业知识和专业能力密切联系、相互影响。教育信仰的形成有赖于专业理念与师德、专业知识和专业能力的学习，学前教育专业学生只有具备了正确的专业理念与师德、专业知识和专业能力，才能在此基础上逐渐形成科学的教育信仰。科学教育信仰的形成，又可以进一步优化和整合专业理念与师德、专业知识和专业能力。因此，应在幼儿园教师职前培养目标中明确提出培养教育信仰的目标。

第二，课程设置和教学实施重视学生教育信仰的培养。教育信仰的形成建基于系统专业理论、专业知识和专业能力的学习。因此，在课程设置上应按照《教师教育课程标准》对幼儿园教师职前培养的课程设置要求建构课程体系。学前教育的发展具有连续性，对学前教育诞生和发展历史的准确认知是形成教育信仰的基础之一，因此，应重视《中外学前教育史》《教育史》等相关课程在学生教育信仰形成中的价值。《儿童哲学》《学前儿童心理学》《学前儿童卫生学》等课程学习是理解学前儿童精神、心理和身体的重要渠道，是儿童观形成的基础。《学前教育学》《学前儿童健康教育》《学前儿童语言教育》《学前儿童社会教育》《学前儿童科学教育》《学前儿童艺术教育》《学前儿童观察与评价》等课程学习是教育观和教育能力形成的基础。以上这些课程设置和教学实施均应侧重学生教育信仰的形成。除此以外，还应组织学生阅读学前教育专业经典专著，有效整合各课程的知识点，从而为教育信仰和职业信仰的形成真正奠基。

第三，利用实践教学环节培养准幼儿教师的教育信仰。当前幼儿园教师职前培养特别强调应用型人才培养，因此，实践教学成为人才培养的重要组成部分。承担职前培养的学校应精选实践内容，明确实践教学的目标，做好指导工作，这样才能有利于学生教育信仰的形成。例如，见习和实习的单位一定要优中选优，让学生在见习和实习中看到理想的幼儿教育状态和幼儿教师职业状态。否则，选择办园理念有偏差，教育和保育不规范的幼儿园，只会增加准幼儿教师对幼儿教育和幼儿教师职业的消极认知。利用绘本解读和与幼儿共读、儿童情景剧创作、儿童故事表演等实践训练，引导准幼儿教师树立正确的儿童观、教师观和教育观，助力教育信仰的形成。

（二）职后强化教育信仰

幼儿教师的教育信仰是在整个职业生涯中通过学习不断调整和优化的。除了职前培养重视准幼儿教师教育信仰的形成以外，职后幼儿园管理者还应加强幼儿教师教育信仰的调整和优化工作。幼儿园管理者和幼儿教师自己应充分认识到教育信仰作为专业成长精神动力的重要价值，教育信仰将激发幼儿教师的自觉、自律、自省、热情、责任感和使命感，这些是幼儿教师专业成长和幼儿园保教质量提升的前提条件。为加强职后幼儿教师的教育信仰应注意以下事项：

第一，幼儿教师形成终身学习的意识和习惯。学习可以提升和发展人性、创造知识和提升生命价值。《幼儿教师专业标准》基本理念之一就是终身学习，明确提出幼儿教师要学习先进的学前教育理论，优化知识结构，提高文化素养；具有终身学习与持续发展的意识和能力，做终身学习的典范。幼儿教师应纠正忽视理论学习的偏见，重视专业理论的学习。非专业的教师应系统学习学前教育专业核心课程，为形成正确的学前教育信仰和职业信仰打下坚实的基础。幼儿教师应养成研读中外学前教育名家经典名著和优质专著的习惯，可以对教育经验进行有效的反思、总结和提升，并在此基础上探索新的教育理念和方法，这是幼儿教师专业持续成长的源泉，也将优化职业信仰。

第二，园长为强化教师教育信仰提供支持。园长作为幼儿园的负责人，应为幼儿教师调整和优化专业素养提供支持。首先，园长应以身作则，不断优化自己的教育信仰和职业信仰，并在工作中展露自己的教育信仰和职业信仰。其次，园长应带领教师学习有坚定教育信仰教师的先进事迹，用先进事迹打动幼儿教师，激发调整和优化教育信仰的需要。最后，园长应为幼儿教师提供外出学习交流的机会，开拓幼儿教师的视野，帮助幼儿教师正确认知现实与理想之间的差距，激发专业成长需要。

参考文献

［1］ 王婉莹．幼儿教师职前培训指导［M］．大连：辽宁师范大学出版社，2018.08.

［2］ 卢清．幼儿教师在职培训中的思与行［M］．成都：西南交通大学出版社，2018.06.

［3］ 陶志琼，汪洁萍．为幸福奠基的幼儿教师培养模式研究［M］．上海：上海交通大学出版社，2018.03.

［4］ 高晓微．智慧空间站幼儿教师个性化成长的实践探索［M］．上海：上海教育出版社，2018.09.

［5］ 祝佳．幼儿园教师如何提升反思能力［M］．长春：东北师范大学出版社，2018.05.

［6］ 张亚妮．幼儿园教师实践智慧生成［M］．陕西师范大学出版总社，2018.09.

［7］ 田兴江，丘静．幼儿园名师工作室引领教师专业发展研究［M］．北京：中国社会出版社，2018.05.

［8］ 汪婕．幼儿教师礼仪［M］．南京：东南大学出版社，2019.03.

［9］ 陆少颖．成为幼儿教师［M］．宁波：宁波出版社，2019.09.

［10］ 夏志刚．幼儿教师钢琴基础［M］．上海：复旦大学出版社，2019.04.

［11］ 刘军，闫玉杰，张少华．幼儿教师礼仪［M］．长春：东北师范大学出版社，2019.08.

［12］ 项家庆．幼儿教师常规工作指南［M］．天津：天津教育出版社，2019.01.

［13］ 李菊萍．幼儿教师课堂提问的技巧［M］．天津：天津教育出版社，2019.03.

［14］ 胡剑红，李玲飞．做会沟通的幼儿教师［M］．北京：中国轻工业出版社，2019.03.

［15］封远芳．幼儿教师核心能力培养丛书幼儿教师如何培养反思能力［M］．天津：天津教育出版社，2019.05.

［16］步社民，姬生凯，李园园．幼儿园教师专业伦理［M］．上海：复旦大学出版社，2019.08.

［17］莫源秋．做幼儿喜爱的魅力教师［M］．北京：中国轻工业出版社，2019.09.

［18］黄媛媛，张艳．幼儿教师队伍建设比较研究［M］．成都：电子科技大学出版社，2020.04.

［19］俸斌．幼儿园教师信息技术［M］．长春：吉林大学出版社，2020.09.

［20］杜德栎，于珍，张富洪．幼儿教师道德与教育法规［M］．北京：中国人民大学出版社，2020.10.

［21］李永占．本土幼儿教师心理资本维度构建与量表编制［J］．平顶山学院学报，2020，35（01）：108－112.

［22］陈秋珠．卓越幼儿教师核心素养的内涵、构成及实现路径［J］．西北师大学报（社会科学版），2020，57（02）：85－92.

［23］何煦．幼儿园卓越教师的专业特质与培养路径［J］．教师教育研究，2020，32（02）：83－88.

［24］周绚菲．卓越幼儿教师视角下高校学前教育专业音乐技能提升路径研究［J］．教育观察，2020，9（08）：136－137.

［25］李文珺，周喜华．幼儿教师职业承诺特点分析及对策研究［J］．教育观察，2020，9（12）：8－10＋103.

［26］李永占．幼儿教师工作压力对职业倦怠的影响：心理资本的调节作用［J］．教育现代化，2020，7（17）：154－157.

［27］罗向东，罗佳丽．卓越幼儿教师核心素养的特征及发展策略［J］．西部素质教育，2020，6（12）：105－107.

［28］李景．幼儿教师教育职前职后培养一体化策略探析［J］．佳木斯职业学院学报，2020，36（07）：183－184.

［29］白翠瑾，李哲，张茉，杨光，久能和夫．幼儿体育师资培养国际案例对中国的启示［J］．沈阳体育学院学报，2020，39（05）：32－39.

［30］孙立枫．以五大发展理念引领卓越幼儿园教师的培养路径［J］．科技资讯，2020，18（30）：209－213．

［31］区艳婷．一名幼儿教师特殊教育专业发展叙事研究［D］．云南师范大学，2020．

［32］华宝峰．提升幼儿教师职业幸福感的策略研究［D］．哈尔滨师范大学，2020．

［33］程安琴．卓越幼儿教师专业素养体系构建研究［D］．鲁东大学，2020．

［34］陈嘉琦．幼儿园教师实习指导能力的现状调查研究［D］．南京师范大学，2020．

［35］田兴江．幼儿教师专业成长动力研究［D］．四川师范大学，2020．

［36］蹇怡．幼儿园初任教师职业期望的调查研究［D］．成都大学，2020．

［37］吴濛．幼儿教师数学领域实践性知识研究［D］．华东师范大学，2020．

［38］周艳芳．幼儿教师职业韧性的影响因素研究［M］．北京：原子能出版社，2021，06．

［39］郑忠平，宁英烈，郑艳华，赵一璇，宁秋萍．幼儿教师职后师德建设研究［M］．北京：北京理工大学出版社，2021，04．

［40］王中华，周洁方．乡村卓越幼儿教师核心素养构成及其培养［J］．陕西学前师范学院学报，2021，37（01）：81－90．

［41］王中华，刘志婷．卓越幼儿教师心理资本的特质——基于一位教书育人楷模的个案研究［J］．陕西学前师范学院学报，2021，37（02）：79－85．

［42］赵红霞，庄莲莲．幼儿园教师核心素养的模型构建研究［J］．湖北科技学院学报，2021，41（02）：128－136＋143．

［43］张文桂．积极心理学视域下幼儿教师德性内涵及养成辨析［J］．湖州师范学院学报，2021，43（03）：41－47＋54．

［44］卫宁．构建幼儿教师师德职前培育体系的思考——基于卓越教师培养计划2.0背景下［J］．豫章师范学院学报，2021，36（03）：56－60．

［45］胡华作．幼儿教师的教育哲学观［M］．上海：复旦大学出版社，2022，01．

［46］刘妍，周姊毓，田秋梅，王希海，侯雪娇．新时代中国卓越幼儿教师的现实挑战与培养路径［J］．教育观察，2022，11（09）：95－99．

［47］孙彦．师幼互动中幼儿教师专业伦理的失范与重构［J］．教育与教学研究，2022，36（01）：84－95.

［48］毛晗，卢清．卓越幼儿教师培养研究的回顾与展望［J］．成都师范学院学报，2022，38（01）：70－79.

［49］蒋娟．卓越幼儿园教师的培养探析［J］．辽宁师专学报（社会科学版），2022（01）：121－123.